資本主義からの脱出

ムダの効用の話

田中 潤

歴史探訪社

はじめに

本書を手に取ってくださった方は、ムダが大切であるという筆者の理念について、第一段階において共感をしている方であると期待します。

本を読む習慣が日常生活から消失しつつあります。今、日本全国の自治体で本屋が1軒もないところは27％を超え、1軒のみの自治体を加えると実に50％近くにまでのぼります。

私たちが日々接している情報について考えてみましょう。情報はインターネットによって、私たち自身の情報の提供と引き換えにその多くが無料化しており、本で情報を得ることは合理的ではないようです。

情報が無料なばかりでなく、それを得るためのスピードにおいても、インターネットは格段に優れているので、大切な自分の時間とお金を費やして本を読んで調べることは無駄なことなのです。しかし、読書がされなくなったことで人々の思考力や論理力は明らかに弱まっているようです。

私たちが生活の中で、自然に受け入れさせられている資本主義の合理性というものについて更に考えてみましょう。

皆さんは、誰かと旅行する際、旅館とホテルのどちらを好みますか。最大の違いは、旅館では1室で最低2人、通常3～5人が一緒に寝る場合が多く、ホテルは1人部屋や2人部屋がほとんどだということです。大勢で一緒に寝るという習慣のない最近の私たちの生活を前提にすると、慣れない場所で他人と一緒に寝て安眠できるかどうかは、とても難しいところだと思います。

では、日本の旅館が部屋の形を改めないのはなぜでしょう。1つの部屋でいくら収入を得るという合理的な売上計算から抜け出せないからなのです。定員を何人と決め、目一杯詰め込み、これこれの売上をつくる、という形に縛られているのです。その一方で、人手不足を理由に配膳の合理化を進め、食事の部屋出しの形を急激に縮小させ、時間を決めた食堂での食事方式に集約させています。

食事をする必要のなくなった客室は、ますます寝ることがほとんど唯一の役割となっており、一人ひとりが安眠できる構造にすべきことは論を待ちません。お客さんに経営側・旅館側の合理性のみを押し付けず、今の生活様式に合った仕組みをつくることが必要なのではないでしょうか。

部屋を改装することは設備投資を要するので、非合理だと考える経営者は多いのでしょうが、人に対するサービスには、非合理さがつきものです。新しいアイディアを考えてほしいものです。

話は変わりますが、健康に関するデータが深化し、体に良いこと、体のためになることに関する無数の情報が私たちの手元に届けられてきます。テレビ・ラジオ・インターネット・新聞・情報紙……さまざまな媒体により「どんな食べ物が必要なのか」「どのくらい食べれば良いのか」「毎日の運動は何をすれば良いのか」「体を柔かくするにはどういう体操が良いのか」などなど、さまざまな健康法が次から次へと登場します。

そうした膨大な情報をどうやって吸収していけばいいのか考えると、それ自体がストレスになることも少なくありません。体に良いことをするにはどうすればいいか、合理的にいろいろ考えあぐねた末に具合が悪くなる、というのではなんとも辛いことです。

特に、スマートフォンが不動の地位を築いた今、企業は私たち個々人の情報を取り込んだうえで、その人が関心を持ちそうな情報をとめどなく送り付けてくるので、私たちはその戦術に呑み込まれ、いつの間にか資本主義の論理に組み込まれていってしまうのです。だからこそ、あえて非合理的なことをするのも一つの逃げ道ではないでしょうか。何もしないことの極意、たとえば昼寝です。

もちろん、昼寝は合理的な健康法として、はっきりその効用を認められています。しかし、健康のために昼寝をするのではなく、ただ気持ちが良いから昼寝をするというのが大切な心得です。

そこには、合理的思考はなく、送り付けられる情報を一切断って、自分の心と体のおもむくままに自然な行為をするだけです。だからこそ、経済的利益という思考のないままに、昼寝の後は心地よい虚しさがあるのです。自分に対する非合理的な取り組みは、こうした所にも存在します。

世の中の重荷おろして昼寝かな　　正岡子規

明治の頃の日本人の心持ちが大変素敵に感じられます。

本書では、資本主義社会で人間的豊かさを失いつつある今の日本人に、他愛のない日常の一コマに光を当て、ムダを大切にして生きていくことの素晴しさを伝えていきたいと思います。

令和六年　十月三十日

田中　潤

もくじ

第二章　人は相手が喜ぶとなぜ豊かな気持ちになるのか …… 53

第三章　人に関心を持ってこその人生

第四章　資本主義からの脱出

第五章　一期一会をムダに生きる

第一章　思いやりをムダに託して

無駄にはならないムダ

ある時から「無駄なこと」の意味が気になるようになりました。『広辞苑』を引くと、無駄とは「役に立たないこと。益のないこと。」と定義されています。言葉通りに解釈すれば、無駄とは何の役にも立たない、絶対的な無価値のように思えます。

けれども、違う角度から考えてみると、「無駄なこと」が良いことなのか悪いことなのか単純には言えないような気がしてきます。

たとえば、無駄なことをする自分とは、自分にとっては意味のないこと、益のないことをしている状態をいうのですが、それが他人にとっても益のないことをしているのかと考えると、実は益のあることをしている場合も少なくないと思うようになってきたのです。

つまり、ある行為について無駄なことだ、と本人は思ったとしても、それは自分にとっての主観に過ぎず、必ずしも絶対的な真理ではないだろうということです。自分本位の〝無駄〟と区別して、他の人との関係を踏まえた〝ムダ〟（本書ではカタカナ表記で区別します）の存在価値について考察するようになったのです。

今の時代は、資本主義の思考が日常生活のあらゆる場面に浸透し、自分自身の行動においても合理性が絶対的善のような風潮を呈しています。つまり、非合理的な無駄が対立概念として悪のような存在になってしまっています。合理性を追求していく過程では、相手のことに気を遣うという場面も少なくなっています。

このことに危機感を持っている人々は、さまざまな形で言葉を発していますが、どちらかというと合理性ばかりを追わず社会を前向きに考えていく、という視点が多いように思います。言い換えれば、社会に「益」があることをすることで、社会を良くしていこうという思考です。

私が本書で伝えたいのはまさにこの「益」についてでありますが、「社会のための益」という漠然とした考えに留まらず、自分にとって「益」のないことを進んでやっていこうという心の在り方です。

それは自分がやろうとする行為について、益があるかどうかを考えること自体不要で

あるという達観です。やや哲学的な言い方になりますが言葉にすれば、

自分のしていることについて無駄かどうかを考えることは無駄であり、無駄だと思っていることも見方が変われば、必ずしもそういうものでもない。

ということでしょうか。つまり、主観で感じる無駄の概念は、思考からいったん消去する必要がありそうです。いや、一歩踏み込んで無駄なことだと認識したならば、敢えてやってみたらどうでしょう。

無駄なことは他人《ひと》とのコミュニケーションにおいてしばしば生じます。具体的には、自分にとって「無駄なこと」を相手に対してやってあげることは、相手にとっては「無駄ではないこと」になるという現象です。ならば「無駄」を恐れず、「相手にとって無駄ではないこと」を前向きに行っても良いのではないでしょうか。

相手にとって「無駄とはならない」この現象を、〝ムダ〟という言葉に託して伝えたいと思っています。

それは自分自身の合理性との決別であります。そして、この発想こそ21世紀を生きる私たちの人生の道標になる、と確信し始めています。

大谷選手の思いやり

大リーグでの大谷翔平選手が活躍する映像で、２つの珍風景を見ました。一つは、大谷選手が打者の時、スイングしたボールがファールチップとなり、捕手の身体を直撃し、すかさず大谷選手が捕手の肩に手を置き労わった場面です。

もう一つは二塁への盗塁で、スライディングした時に、タッチした野手のユニフォームの脚の部分に付いた土を払ってあげたことです。

試合中に、自らの行為とはいえ何の責任もない不可抗力で生じたことに、いちいち配慮する選手など、今までほとんどいなかったのではないでしょうか。自分のプレーに全力で集中することが大事で、相手との些細な人間関係に配慮することなど考えないのがプロの世界でしょう。そんなことに思いを巡らすのは無駄なことと教えられてきたと思います。並の選手がそうした行動をとったら、コーチに自分の頭の上の蠅を追えと叱責されるのがオチでしょう。

二刀流という普通の選手の倍の負担を抱えてプレーする大谷選手が、相手選手を気遣う行為までするところに、私たちは清々しさを感じ感動してしまうのです。

大谷選手は自らの生活すべてを野球のために捧げていると誰もが認めています。健康管理・食生活なども、野球をするために最も有効なことを徹底して行なっています。睡眠も右手を庇って、左肩を下にする姿勢でしか寝ないといいます。

野球に取り組む姿勢において合理的思考の権化ともいえる人が、コミュニケーションにおいては実に非合理的なムダなことをしている。このギャップが私たちの心の琴線を震わすのではないでしょうか。しかし、目の前のプレーに集中する大谷選手の行動としては一見矛盾するように見えますが、決して矛盾していないのかもしれません。

世間ではこんな大谷翔平選手を生まれつき特別な人のように言います。確かに野球の能力は稀有なものといえますが、人に慕われる行動は誰でも持ち合わせている資質なのです。

誰もが「自分最優先」の性質と「一人では生きられない」性質を持っていると思います。大谷選手は、それを最高の形で貫いているのではないでしょうか。

ではなぜ、多くの人々がそうはならないのか。私は、〝資本主義的合理性〟が人々の心を支配してきたからだと考えています。

役に立つかどうか、効率が良いかどうか、儲かるかどうか、これらのことは人間が生まれつき持っている「自己最優先」の性質からきています。そして、もう一つの性質「人間は一人では生きられない」は、資本主義社会の価値観の中で、ないがしろにされてきました。

このないがしろにしてきたもう一つの性質に重点を置けば、人との出会いにおいて、一期一会を大切にするという行動が自然に生まれるのではないかと思えてくるのです。そのようなコミュニケーションの中で、自己の合理性は捨て去ることができるのです。

大谷選手が示す非合理性には常に思いやりが溢れています。

ムダをいとわぬ脳を育てる教育

学校では、コンピュータから直接学習するデジタル教科書の本格的導入の是非について、合理的見地から賛否両論があります。「自由に文字の大きさが変えられて、見やすい動画や音声が活用できる」「離れているところでも教えられる」などの賛成意見に対し、「端末に不具合が生じると授業が止まる」「書き込みができない」「目が悪くなる」「なんでもネットから安易に調べ、考える力が無くなる」といった反対意見があります。

さて、教育の本質とは何でしょうか。デジタルを活用するということは、知識を得るためには大きな効果を発揮しますが、合理的であるがゆえに相手に伝えられないものがあると思います。つまり、五感を伴ってコミュニケーションをとることで、初めて生じる心の交流、信頼関係を築いてこそ真に教育をするといえるのではないでしょうか。

学ぶということを考察します。勉強した瞬間に、何かを得るということは、ほとんど皆無といってもいいでしょう。そのとき知識を得たとしても、それが何かの役に立つものではなく、その積み重ねをすることで一つの成果物が生まれるのが本当の学びであり、それを続けることが教育を受けるということにほかなりません。

　合理的な勉強方法という戦術面での方針は肯定されたとしても、自己の精神に深く教育を受けるという心構えにおいては、一つ一つていねいに取り組んでいくことが必要なのです。


　たとえば、辛くて非合理な暗記は、その人ごとにさまざまな方法があります。繰り返し声に出して憶えたり、散歩をしながら景色を眺めつつイメージをつけたり、机の前で憶える内容と向き合って集中するなど、自分の憶えやすい方法で道を見い出そうとします。

　暗記というのは、自分の脳にその内容を憶えこませるという意味では、そもそも理論的に説明できる方法はないので非合理を良しとせざるを得ないのです。

　ここに、ムダを積極的に行おうという私の理論が重なります。暗記はムダでいいと思ってすること、むしろ無駄なことを承知の上一生懸命することで、スムーズに心と体が一体化していくのです。

自分の合理性に捉われず、視野を広げて学ぶ方向に気持ちが向くという点で、人から教えてもらうということも同じ次元の話です。

合理的にデジタルから教わるのではなく、非合理大いに結構、生身の人つまり教師から教わることでさまざまな付加価値が活かされてくるのです。

学びの過程の苦しさ、辛さ、教えてもらう相手とのストレスなど非合理であるからこそ、自身の奥底まで浸透するものがあると思います。デジタルで、合理的にすぐなにかを知ることを学びと考えることは早計でしょう。

新入社員に対し半年間、手書きで記事を書かせるという新聞社もあるようです。まさに書くことでの学びを非合理の思想をもって身につけさせているのでしょう。合理的思想は、しばしば先を見ず、目先の利益を優先させます。先を見ることは無駄であると潜在的に考えてしまう危うさがあります。結果的に無駄であっても、いやムダであるからこそ、今その時に集中してさまざまなことを考え、学んでいこうという姿勢こそが人を成長させていく要諦です。

教育とは、脳を育てることにほかなりません。コミュニケーションの中で非合理的な心の触れ合いが行われ、脳を成長させるのです。あらかじめ解答が用意されていない社会という場には、ムダをいとわない脳の力が必要とされます。

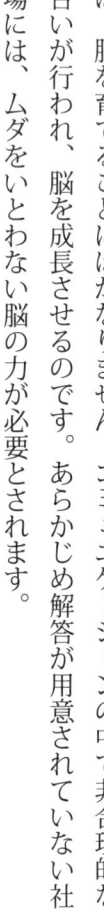

飛び込み営業はムダ命

「飛び込み営業」とは、経験の浅い営業マンが仕事を受注する目的で、ほとんど馴染みのない取引先や全く知らない事業所に日参することをいいます。

今日でも営業の一つのスタイルであることには変わりはありませんが、そもそも飛び込み営業がどれほど重要なことであるかを経営者自身が認識しているかどうか、ということになると、はなはだ心もとないものがあります。

ところで、筆者は飛び込み営業を「基本的に非合理的な活動」と位置づけ、これからの時代にこそ、大いに行うべきことだと考えています。

飛び込み営業の妙味は、飛び込むその人が、自ら努力してコミュニケーションをしなければならない場に否応なく追い込まれる、というところにあるのです。

飛び込み営業は、相手の用事を受けに行くのではなく、自分の用事を相手に押し付けに行くのですから、そこには極めて高いハードルがあります。自分勝手な目的を強いる

「モノを売る」ということを合理的に行おうとしても、ご縁のない相手が受け入れてくれることは、ほぼありません。ならば、そこで何が出来るのかといえば、誠実に相手に向き合い、不快な時間を与えないように一生懸命努力するだけなのです。

不思議なもので、無駄な努力をしようともがいていると、相手は何かしらボールを投げてくれるものです。本来の目的である商売の話ではなく、その場を和やかにするためのコミュニケーションをしつらえてくれることがあるのです。それこそが、営業の原点であり、第一歩といえるのではないでしょうか。

無駄な努力と思っていたものが、この時になって初めて「無駄」ではなく「ムダ」な努力であったことがわかるのです。

相手の立場からは、合理的に考えると飛び込み営業に対応するのは無駄な時間だから避けたいと思いつつ、消極的に時間を取ってあげるわけです。合理性のないムダな時間を共有することで一つのご縁が成立し、その後も非合理な時間を何度か繰り返していくうちに、合理的な取引のチャンスも生まれてくるのです。

初めから合理的に仕事をすることが、営業成功の道と考えるのは間違っています。営業の原点は非合理とムダの中にあるのです。したがって飛び込み営業は自分の一方的な都合だからと、卑屈に思うことはありません。この無駄は相手のためでもあるムダなのです。

初め、相手は無駄な時間をとらされたと思うかもしれませんが、やがてコミュニケーションが生まれ話に花が咲く頃には、こうしたムダは相手にとっても納得できるものになるでしょう。

だからこそ、概念ばかりが優先し体の動かないベテランでなく、イキのいい若手の出番なのです。今日も元気で行ってらっしゃい。

大和魂

非合理と思うことを行動にするのは難しいものです。その際、いかに社会のこと、他人《ひと》のことを考えることができるかどうかが重要になるのです。そうした心の働きによって人は非合理な行動をとることができます。それが〝利他の心〟です。おそらく、明治維新に関わった多くの人々の志はそこにあったはずです。

身はたとひ　武蔵の野辺《のべ》に　朽《く》ちぬとも
留《とど》め置かまし　大和魂

これは明治維新に係わった人物の辞世ですが、誰のものかご存じでしょうか。吉田松陰が刑死する前日に書き遺した一首です。

最後の「大和魂」は、自分の身より社会のため、人々の幸せへの願いを大和魂という言葉に託したのではないでしょうか。

本書でいう「ムダ（非合理性）」とは、人のため、社会のために身を捧げた吉田松陰の辞世にある「大和魂」に通じているのではないかと思います。

話は卑近なことになりますが、経営者にとって従業員に対して必要だと思う以上の給料を払うことや、福利厚生を手厚くすることは、株主資本主義に根ざした合理性で考えれば無駄なことだと思ってしまうでしょう。しかし、〝利他の心〟に鑑みれば非合理であろうが、やるべきであるということになります。そして、理屈でなく人を大切にするという感情が動き、合理的には無駄だと思うことをした会社の方が良い組織になっていく可能性は高くなります。

経営者は無駄な行為をするのは悪いこと、合理的な行為をするのは良いことという概念を払拭することが重要なのです。

人に対して合理的な行いをしても、自分では悪いことと思わないから、人間関係はどんどん薄れていくのが今の時代です。文化や歴史に自身の心の重心を傾けることを回避し、そんなことより目の前の仕事をしっかりしていればいいと思う合理性も、実はその人の人間性を弱め、結局人生を小さくしてしまうことになりかねません。

公益活動に進んで関わることもしかりです。主観的に非合理だと思うことに、自らの生き方を近づけていこうと考えてこそ、心が解放された豊かな人生を送ることができるのではないでしょうか。

人が何をするかを考える際、それを無駄だと思うかどうかは、基本的にその人の合理的主観です。そして、その主観には「自分にとって」が入っています。けれども、社会全般を考えて志を持ち、何かをするということは、自分にとっては無駄なことではあるが、そこには利他の喜びがあるということなのです。

他人《ひと》のため社会のために、己にとっては無駄なことを進んでできる人によって、人間社会は保たれていくのではないでしょうか。

情けは人の為ならず

「情けは人の為ならず」という格言は、『広辞苑』によれば、「情けを人にかけておけば、めぐりめぐって自分によい報いが来る」という意味です。

この解釈に基づいて行動し、結果的に自分に幸運がもたらされるならば、それは合理的な判断の成果ということになります。本来の無駄なことを積極的にしようという視点とは、少しちがう話になります。

しかし現実は、情けをかけても何の報いもないことがほとんどだと人は感じているから、実際に行動を起こすことは難しい。つまり、行動しないことが合理的な判断なのであり、現代人はこの格言のように考えて行動する人はあまりいないでしょう。

けれども「情けは人の為ならず」という行動をとる人は、今も少なからずおります。そんな人にとっては、情けをかけるということは、その時点では自分にとって益のないことをしているわけです。まさにこの格言を無駄なことを実践しましょうというメッッセージとして、受け止めているのだと思います。

「無駄なことをしよう」という思考から、このことをさらに掘り下げて考えてみますと、少し深いところが見えてこないでしょうか。ここでいう情けとは、相手に対する思いやりです。

自分を中心として合理的判断をせずに、相手が困っているとき、辛い時、悩んでいる時に、相手と一緒にその原因について考える、あるいは具体的に助けてあげるという行動が無意識にできるかどうかは、その人の資質によるところが大きいのかもしれません。

多くの人は、自分はそんなに人格高潔ではないから無理…と思うかも知れませんが、少しの間、人のことを気にかけるような行動をしてみることはできると思います。

道端に落ちている空き缶を拾ったり、電車が駅に着いて降りるとき車内に忘れられた傘を見つけたら、すかさず大きな声で注意を喚起する。階段で乳母車を持って降りている女性がいれば、一緒に持ってあげる…。

少し恥ずかしかったり、迷惑ではないかと思っても、まず勇気をもってやってみるのです。すると理屈抜きに心が落ち着き、心が少しやさしくなれることに気づきます。ヒトが〝集団で生きる〟という生物学的特徴をもって生まれてくるという事実は、こんなとき明らかになるのかもしれません。

現代社会では、小さな勇気をもって人のために何かをすることについて、合理性の基準が足枷《あしかせ》になることがとても多いのは悲しいことです。けれども、自分にとって無駄だと思うことを厭わないでやる習慣がついていれば、誰でも自然に人のための行動に移ることができるはずだと筆者は考えています。つまり、積極的に無駄を肯定する思考を養うことが重要なのです。

無駄だと思うことをストレスなく進んで行うことができれば、その人は必ず豊かな環境の中で人生を過ごしていけるでしょう。もちろん、ある時に行った一つの思いやりですぐに結果が出ることはほとんどないでしょうが、自分にとって無駄だと思うことを人に対して自然にしてあげているうちに、あなたの周りには同じ価値観の人たちが集い、思いやりの場ができ上がっていくでしょう。

「情けは人のためならず」とは、無駄を承知でそれを楽しみながら一生懸命実践し続けた人に、長い熟成期間の後に実りがもたらされることなのです。

デジタルな心にムダが必要

友達や仕事の相手先の電話番号を覚えられなくなって久しい。数十年前の親しい友の電話番号は、今でもそらで言えますが、最近の連絡先の電話番号で暗記したものは一つとしてありません。

周りをみれば、自分の会社の電話番号や自分自身の携帯電話の番号すら覚えていない人も少なくありません。情報のやり取りの方法がデジタル化し、覚える必要が無くなったから、というのが理由のようです。

ということは、アナログの時代には覚える必要があったから、自然に覚える習慣がついていたということなのでしょうか。確かに、当時わざわざ相手の電話番号を暗記する努力をしたわけではありません。覚えることの合理性が無くなったことで、人は覚えられなくなってしまったのでしょうか。電話番号という情報が、自分の中で記憶されずに機械に保管されることで、そういう変化が起きているのです。

これは自身の情報管理を機械に外注しているといえましょう。こうしたことは世の中が加速度的に合理的になっている今、さまざまな場面で起きているのではないでしょうか。〝自家用車のナンバーを覚えていない〟〝見ようと思っているテレビ番組のチャンネルを覚えていない〟などは、日常的に誰もが感じていることでしょう。

最近は、目的地に行くための最短の交通経路をインターネットのアプリケーションを使い、瞬時に調べることができるようになっています。確かに便利ですが、結果的に目的地までの交通機関の具体的イメージは、ほとんど湧かず終いとなります。

要するに、考えることをしなくなるのです。同じところに何度行っても、時刻表どころか乗り継いだ電車の名前や経由した駅の印象も思い出せない。風景が心に残らない。こうした現象に共通していえるのは、「無駄なことはしなくなっている」ということです。

経済学者の野中郁次郎氏が喝破した「人のもつべき野生」すなわち、本質を直観できる能力が、資本主義社会の成熟によって退化しているということの表れではないでしょうか。改めて、私自身の理念を唱えてみたいのです。人間は、無駄なことをすることでさまざまな状況に応じて脳を無限に活用していけるのではないでしょうか。そして、それこそが豊かに生きていくということだと思うのです。

ある職人の独白

古くから日本の職人文化の基本としてあった丁稚奉公は、その良し悪しは別として一つの文化遺産ともいえるものです。

団塊の世代である水上力さんは、大学在学中に和菓子職人を志し京都、名古屋で修業を積んで、東京・小石川に「一幸庵」を創業しました。京菓子と江戸菓子を融合した和菓子は、国内外の有名パティシエ、三ツ星シェフにも愛されています。今では、「エコール・ヴァローナ東京」「ジャン・シャルル・ロシュー」をはじめ、イタリアの食の祭典「ル・デセール・インターナショナル」でのデモンストレーションなど、国境を越えて和菓子の魅力を伝えています。

その水上力さんの言葉です。

「半世紀前、大学生だった私は和菓子屋に丁稚奉公に入りました。約5年の修行を終え、独立しました。今日の若者にとって丁稚も修行も死語です。しかし、私はこの言葉が好きです。

私の許《もと》に来る若者に『修業とは何だろう』と聞くと、『仕事を覚える事です』と返事がきます。『それなら、製菓学校で和菓子を覚えれば十分だろう。職人修行の専売特許ともいえるような〝パワハラ〟の下で働かなくともいい。今すぐ荷物をまとめて、家へ帰れ』と脅します。

少し酷ですが、職人を志す者には、従来の徒弟制度の下での修業が最良、最善の道だと信じています。それは師匠である『旦那』そのものを獲得することを意味しているからです。

私が師事した旦那は必ず晩酌をしました。食べ物の好き嫌いから、本は何を読むのか。どんな時に笑い、感動し、涙するのか。もっと言えば、どんなくさい屁をするのか…。旦那が作り出すお菓子の核となる哲学がそこにあります。だから、こんなお菓子が作れるのかと、気づくのです。

昔ながらの修行のあり方を否定することで、日本の職人文化が消えてしまわないかと危機感を持っています。修行時代に怒られたこと、ほめられたことが今でも仕事の上のみならず、人生そのものの大切な肥やしになっています」

水上さんの話は、一見非合理な修行をすることで人間の本質を学び、そこから自らの仕事への意識が明確になっていくことを示しています。日々のムダを重ねながら、職人としての血と肉が出来上がっていくのです。

さて、その仕事に対しての考え方が、行政も個人も楽な方へ楽な方へと変わり続けています。今の世の中、雇用されている個人の権利は、一見法律によってしっかり守られています。しかし、パワハラなど人間関係で生じるストレスは、どれだけ手厚く保護しても守ることのできないこともたくさんあります。法律に基づいた合理的な仕事の場は、人間を鍛える場としての非合理性を大きく衰えさせる一方で、職場環境は決して心地良い状態に進化したとも言い切れないのです。

人は仕事を通じて人間的成長をしていくものですが、行政が仕事の在り方、雇用の在り方に介入し過ぎたことで、日本人の仕事に対する意識や伝統的に守るべき職業が消失しつつあるのではないでしょうか。その根底にあるのは、人間関係において不可欠なムダに考慮が及ばない、机上で考えただけの施政者の合理的判断でしょう。

資本主義的考え方で生産性を重視している現代でも、こうした働き方があっても良い。いや、日本人の生き方として残していかなければならないと思います。

こうした場面を、本来、国民とその文化を守るべき国が壊していくことの危うさを考えると寂しさと怒りは募ります。経済的合理性ばかりを優先させる資本主義は、人間としての成長にも大きな弊害を与えているのです。

ＡＩが相手では情感が湧かない

人がムダなことをする動機は、他人《ひと》のことを考えて生きることに喜びがあるからだと気づいている人は少ないと思います。

コミュニケーションによって、こちらが行ったムダなことが相手に伝わり、互いの信頼関係が深まっていくわけです。この形は将来も絶対に必要な、人としての生き方であると思います。

ムダなことをするということは非合理的なことが多い、いや、ほとんど非合理なことといえるのかもしれません。もちろん、非合理イコール無駄ではなく、無駄はあくまで非合理の一部といえるのかも知れませんが。

さて、合理性と非合理性は対立概念ですが、ある事柄に対して合理的にモノ事を進めて行けば行くほど、実は非合理性も重要になるという関係があるのです。

たとえば、外国語の習得について考えてみましょう。現在、スマートフォンでも専用アプリを使えばさまざまな外国語を翻訳してくれるので、全く相手の国の言葉を解せなくても、ゆっくりとなら話をすることもできます。

　おそらく、あと10年もすれば精巧な自動翻訳機が開発されて、高度な会話をスムーズに外国人とすることも可能になるでしょう。つまり、国語さえしっかり習熟しておけば、外国語を学ぶ必要はなくなるのかもしれません。これは、合理性による進化といえましょう。


　しかしその際に、相手と心の通ったコミュニケーションをとることが出来るのかといえば、そうともいえません。話をする内容もさることながら、語気の強弱や間をとったり、相手のことを考えて自分の言葉を話すという気配りなどは、ＡＩを通してではできないからです。

　つまり、技術の進歩とともに合理性が徹底されていけばいくほど、相手を思いやるムダな活動、すなわち非合理性が決定的な役割を果たすようになっていく可能性があります。

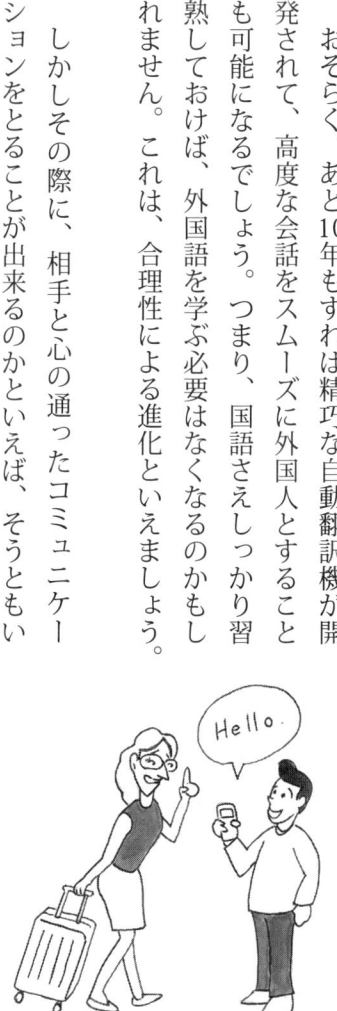

言葉は概念に過ぎません。その言葉を駆使して情報を伝えあうのは合理的な活動の中で進めていけばよいのです。一方、心の通う対人関係においては、まず、自分がどれだけ相手のことを考えて行動できるかという非合理性が優先されます。その中には喜びや悲しみへの共感やユーモアなどの情感も含まれます。テクノロジーが進化し、人々の活動における合理性が高まったからこそ、非合理性を常に重視していかなければならないわけです。

そのための心の準備として、ムダなことを積極的にすることを自分の中に植え付ける努力が必要なのです。

人の世に不可欠なモノは無駄話

雑談や無駄話というのは、目的のない話を時間を気にせず続けることです。『広辞苑』では、雑談については「さまざまの談話、とりとめのない会話」とされており、これは、特に決まった話題のないままに気軽にコミュニケーションすることです。

一方で、無駄話の方は「役に立たたない話」とされていて、こちらは、益のないおしゃべりという感じです。

「雑談」の方はそれなりに意味のある会話としての評価を得る一方、「無駄話」はあまり評価されておりません。ただ、一般的には雑談と無駄話は同義語として使われることも少なくありません。

無駄話が一般的に「利益を生まない行為」ならば、本書の主張する意味あるムダに通じる〝無駄話〟を、積極的に行っていくべき行動と捉えていきたいと思います。益のあることのみを行おうとすることは、資本主義的でむしろリスクの高い行動だと考えるからです。

さて、話をしているということは少なくともその際、相手とのコミュニケーションをとっているわけで、人間関係の出発点として重要性があります。相手が嫌がっているのに積極的に話しかけ続けることを無駄話とは言わないでしょう。むしろ、相手と話が弾んでいると考える方が自然です。

無駄話の中で無駄に費やしているのは時間であり、会話は成立しているからです。会話というのは相手があってこそ成立するもので、自分には役に立たない話でも相手にとっては役に立つということも決して少なくないはずです。また、話の内容にかかわらず、コミュニケーションそのものの効用もあるのです。

つまり、話の内容には益がなくとも、お互いのコミュニケーションは一定の成果を生んでいるのであり、そこにはホスピタリティ（相手への思いやり）が働いている可能性もあるのです。

これは雑談も同様です。目的のある会話というものは、お互いの利益を前提にしていることが多いのですが、これに対して無駄話や雑談はコミュニケーションそのものを目的としており、利益を前提としない純粋な活動と考えることもできます。

たとえば、相手の話を長々と聞いたり、繰り返し同じことを聴かされたりした経験は誰でもあるでしょう。つまり、そこでは言葉の伝達としての役割ではなく、お互いの人間関係を保つ場ができ上がっているのです。

聞き手は、話している相手のことを尊重して我慢の時間を過ごすこともあるわけですが、これも無駄話だと考えれば、まさに無駄話は人の世に不可欠なモノといえましょう。

無駄話という表現は、あくまで第三者の視点からのものであり、当事者同士は一期一会のかけがえのないコミュニケーションの時を過ごしていることも決して少なくないのです。

会社の中でこそ必要な非合理性

会社は人が集まって経済活動を行う場所です。そこで働く人や会社自体には、その行動を律する法律がさまざまに張り巡らされ、コンプライアンスも強く要求されています。つまり、会社ではその取り決めに従い、合理性を前提として物事を進めていかなければなりません。資本主義社会においては、利益を追求するためにこうした掟は当然必要なことであり、矛盾はないと考えられているようです。

けれども、良い人間関係は非合理性を前提としていることは、本書で申し上げてきたとおりです。それを置き忘れたまま、社会システムがどんどん高度化してきました。会社組織においては、雇用されている人の権利を守るために、労働基準法を始め環境整備が表面的にせよ整ってきたように思われます。しかし、それらは資本主義を推進するための合理的環境づくりにほかなりません。

コミュニケーションにおける非合理性の見地から考えると、実は極めて困難な課題が積みあがってきていることが見えてきます。

「会社の飲み会には参加しない」「皆が残業をしていても、いつも平気で帰る人がいる」「多くの人が有給を取らない中で、一人だけ全く気兼ねなく有給を取る」

こうしたことは、資本主義社会の合理性に鑑みれば、何ら問題のない行為であり、非難することはおかしなことです。

しかし、人間関係の非合理性の見地からは、やはり懸念が生じます。つまり、それらの行為をしている人は相手への思いやりがあるのかどうか、つまり自分が相手のために無駄な時間を使う気配りをしているのかどうかが問われるのです。

そうした気配りがなければ、友達付き合いはできません。プライベートでは自己中心的で合理的な人とは接触せずに済ますことができますが、会社ではそういうわけにはいきません。だからこそ、人間関係が存在する限り、会社は非合理性を一定の範囲で内包していかなければならないのです。

会社にいる誰もが少しだけ合理性を捨てて、心の切り換えをすることができれば、昨今の会社での冷めた人間関係も違ったものになるのではないでしょうか。それは決して昭和の頃に戻るのではない、21世紀の新しい会社生活の在り方なのです。

社会保険料とＡＩの相性は

企業に勤める人が負担する所得税や社会保険料の額は、本人の給料に対して少ない人でも10〜15％、多い人は50％以上になります。

また、企業自身も従業員の負担する社会保険料と同じ額を国に支払わなければなりません。国は、「国民の税負担を増やさない」という表面的ポーズをとりながら、隠れ負担ともいうべき健康保険料や厚生年金の負担金を年々増やしてきたのです。

従業員と企業が負担する社会保険料の金額の合計額は、既に給料額面額の30％弱になっています。月収40万円の人から国等が受け取る社会保険料は、12万円程度であるということです。つまり、企業は従業員を雇用することで、企業自身の活動で生じた所得に対する法人税の他に多額の負担金を義務として国に納めているということです。

法人税は、赤字の場合には納付する必要はありません。しかし、赤字でも給料を支払っている限り、その個人の存在を通じて企業は国に多大な貢献をしているわけです。今、非常に厳しい徴収をしているのは社会保険料を回収する日本年金機構です。確実にとれると踏めば企業の預金等にも彼らは徹底的に介入し、搾取し尽くすのです。少し表現が過激になりましたが事実そのとおりです。

さて、ここからが本題です。ＡＩの導入によって従業員が駆逐され、企業から人がいなくなったら、どうなるのでしょうか。ＡＩは人間ではありませんから所得税も払いませんし、社会保険にも加入しません。つまり、企業は雇用している人の公的負担額を預かり、国に納める義務も、自ら一定の負担をすることもなくなります。

繰り返しますが、今、企業は行政の代わりに、働いている人の所得税の源泉徴収や社会保険料の徴収を義務として行っています。社会保険料については、前述したように従業員が納めるのと同額を国に納めています。人を雇うことで相当の負担を押し付けられているのです。

企業には厳しいコンプライアンスが課され、雇用した人とのトラブルは年々深刻になっています。こうしたことにも、企業は行政や裁判所から日々プレッシャーをかけられ、耐えているのです。企業は人を雇用することで壮大な無駄を行ってきたともいえるのです。こうした金銭的負担・労力的負担が一気に解消されるとしたら、これは企業にとって大変な魅力です。結論として、ＡＩの導入で多くの従業員が淘汰されていくのではないでしょうか。こうした事態となったのは、行政が合理的基準だけを掲げ、企業の尊い協力に対して具体的な感謝の行動が怠慢であったからです。

近い将来、大企業は整理しようと考える社員とその退職金をＡＩに合理的に算出させて、大規模な人員合理化に踏み切るのではないでしょうか。その時、行政は、何でも企業に押し付けることで自分たちがどれだけ手を抜いてきたのかを、思い知らされるかもしれません。ＡＩを導入する大企業から人が激減し、税金も社会保険料も支払う能力のない零細企業にのみ人が残る、ということになれば果してどんなことになるのか……。

資本主義の論理にそのまま乗っかり、人に対する思いやりを後回しにしてきた行政は、このしっぺ返しをどう補っていくのでしょうか。合理性の行きつく先には人の温かさも、国の豊かさも見えません。

第二章　人は相手が喜ぶとなぜ豊かな気持ちになるのか

横断歩道は見知らぬ人との交流の場

小学生たちが横断歩道をこれ以上、上げられないくらい手を上げて渡る光景は微笑ましく、街の風物詩になっています。小学校に入ると、道路を横断する際は白く塗られた横断歩道を渡りましょうと徹底的に教育されます。

ところで、「手を上げて、横断歩道を渡ろうよ」という誰もが知っているこの標語を、大人になってこそ意義深く味わいのあるものと感じるようになりました。

私たちは、毎日外へ出れば横断歩道のあるなしにかかわらず、何度も車と交錯する場面があります。特に、車道と歩道が一体になっている道は、ドライバーの様子を見ながら道路を横切ることも少なくありません。

自分が道路を横切り始める際、車が停まってくれる時もあれば、ほとんど停まりそうだけれどもまだ動いている場合もあります。なかなかデリケートな場面であるにもかかわらず、ドライバーには無関心のまま車の前を横切る人も多いようです。

これが横断歩道の場合、さらにその感じが強くなり、交差点で右左折しようとする車に対して、当然、停まるものとしてスマホを見ながら進んだり、前だけを見てどんどん歩く人もいます。

そういう歩き方が安全かどうかという点は、もちろん考えなければならない問題ですが、別の見方、すなわちこうした場合には、ドライバーとのコミュニケーションを心掛けることが大切だと、歳とともに思うようになってきました。

横断歩道で交差する車をクルマという機械ではなく、ドライバーという人として感じるようになってきたからでしょうか。そうするとコミュニケーションという意識が生まれます。

では、どういうコミュニケーションが良いのか。まさに、ここで手を上げることが大切なアクションなのだと気づきます。

もちろん、子供の頃、教えられたように勢いよく真直ぐに上げる必要はありません。相手に対し、一定の理解を示しているというアクションができればよいのです。それによって、言葉を交わさなくとも、瞬間的に心の交流が起きます。それは、人間であることのちょっとした快さに繫がるのではないでしょうか。

見ず知らずの人とこうしたやりとりが生じることは、普段はそうあることではありません。ところが、横断歩道上でドライバーとの接触が日常的に起きていることに気づくと、一つのコミュニケーションが成立する予感がします。

自分のために車を停めてくれたのだから、そりゃあ相手の顔を見て、ちょっと手を上げ「どうも」「いえいえ」という無言の会話をしてもいいのではないでしょうか。外出するたびに見知らぬ人と、声のないこんな会話を交わしていると、いつしか心は平安になり、ゆとりができてくるのです。

人との交流には、そのような効果があると思います。「ヒトは一人では生きられない動物」という宿命をもっているからです。

無駄だと思わず、いやムダだからこそ、道路横断する時には、ドライバーの顔を見て、ちょっとだけ手を上げてみませんか。

コスパ人生の危うさ

若者の思考の中で、コスパという判断基準は相当に重要なようです。もともとコストパフォーマンスとは費用対効果のことであり、支払った金額に対し期待した以上に良いサービスを受けたり、気に入った商品であったりした場合などに、「コスパが良い」などと表現する言葉でした。けれども今では、自分の損得勘定の行動指針として頻繁に使われるようになっています。

例えば、仕事について考えてみましょう。コスパの良い仕事とは、仕事をするにあたり職場で縁の下の力持ちではなく、自分の名前を前面に出して評価を受ける、他の人とは違う社内でも目立つ大きな案件を受け持つ、こうした場合に使われます。

一方、残業の多い仕事や売り上げに直接繋がらない仕事、あるいは後始末など後ろ向きの仕事は、評価されないのでやらない。皆が注目しないような仕事は「コスパが悪いからしない」ということになります。

初めは物品やサービスを買ってお金を使う場面だけの言葉だったのに、今では自分の評判や損得や対人関係の中でまで「コスパが良い」とか「コスパが悪い」と言うようになってしまったのです。

コスパ良く人生を渡ろうと思う根底には、自分だけが大切で、他人に対しては関心を抱かない強欲資本主義的な考え方があるのではないでしょうか。

俯瞰すれば、これは経済的利益の獲得を自身の行動原理に拡げてしまっているわけで、自分にとってだけの合理性が増幅されているということなのです。誰かのためにコスパがいいか悪いかを考えるのではなく、自分の損得だけを基準に人間関係を考えることになってしまうのではないでしょうか。

それは意味あるムダをすることを徹底的に否定する思考ですが、そうした考えを貫いていくとその結果はどうなるのでしょうか。

自分自身の人生を決めていく重要な場である職場でも、プライベートにおいても、目先の合理性を優先させた結果、豊かな人間関係の構築や仕事における経験の備蓄もできずに終わってしまうのではないでしょうか。

一期一会は、今自分が向き合っていることに全力で挑まなければならないという深い教えです。その瞬間は二度とないという戒めです。仕事と向き合う際には、コスパが良いかどうかなどという合理的鑑賞は封印して、与えられた場で無我夢中の自分になり切るべきなのです。さまざまな法的規制により従業員のための環境整備が進んだにもかかわらず、高い転職率が続いているのはそうしたところにも原因があるように思えます。

「若者は汗をかけ」という言葉は、コスパなど考えずムダなことを進んでするべきだという金言なのです。


言葉は概念なので、流行したコスパという表現もいずれ飽きられる時が来るでしょうが、その時はムダを肯定した言葉が社会を席巻していてほしいものです。

自然環境を商品にする資本主義

旅行をして最も感動するのは、旅先で触れるその土地の自然の素晴しさです。その時、私たちは、「お金でいくら」という合理的な交換価値の発生しない純粋な自然の価値を享受することになります。

自然はその地域の財産ですが、他所《よそ》から来た私たちも無償でその恩恵に預かることが許されるのです。

当り前のことのようでいて、そうしたことは実はあまりありません。資本主義の論理の下に、ほとんどのことが金銭で取引される交換価値にしばられながら、私たちは生活させられているのです。こうした状況を経済学的には〝包摂《ほうせつ》〟と呼ぶそうです。

こういう環境に日常的に置かれているから、旅先での自然との出会いにひときわ強い感動があるのかもしれません。

さて、ここで考えたいのは資本主義においては、交換価値のないものは無駄なもの、非合理なものとされてしまうことです。一方で、私たちが無償で楽しめる自然環境を交換価値があると判断すれば、資本は独占しようとします。

つまり、本来自然という人々の共有財産は、商品として市場に提供されてしまうリスクを抱えているのです。

資本主義は法律で禁じられたもの以外は、何でもこのような形で合理的に商品化してしまいます。すでに数十年に亘って、日本全国で宅地造成や町づくりの名の下に共有財産たる自然が失われてきました。


私の居住する鎌倉でも宅地造成事業者は豊かな里山を破壊して宅地開発をし、皮肉にも「自然環境抜群、心休まる豊かな自然」などと標榜して、商品としての住宅を販売してきました。自然という共有物を取引の具に仕立て上げながら、よくぞその自然環境を高らかに謳えるものだと呆れます。

国立公園のように資本に手をつけさせない施策がなされた所は、ある程度自然が守られます。情けなくも、私たちが環境保全に努め、自然環境の価値を高めるほど、資本は交換価値の高まったことに着眼し、破壊の手を伸ばしてきます。資本によって住人たちの大切な自然が破壊され、商品として使われた後、結果的に資本にとって交換価値のない場所になったとしても、その地域に住み続ける人々は自然を破壊されたままの環境を受け入れるしかないのです。

資本主義において無駄なものとされようが、私たち個人にとってはかけがえのない住環境には変わりないのです。改めて、このことを意識し、私たちは環境破壊に対峙していかなければならないでしょう。

つまり、ただ環境を守ろうと声を上げ続けるだけではなく、交換価値を与えない取り組み、すなわち地域における行政を巻き込んだ具体的活動を進めていくことが考えられます。資本の取引に対する特別重課税、一つの取引に対する規模の制限など交換価値を大きく低下させる、つまり資本側に無駄をさせる方法です。外国資本の買い漁りなどが急増している今、そういうところに思いきり踏み込んでいっても良い時代なのではないかと痛感しています。

無駄ではない〝ムダな仕事〟

仕事とは、そもそも経済的利益を求めるものですから、無駄な仕事というものはあってはならないことです。

けれども、来客への対応、お茶くみ、書類の取りまとめ、室内の清掃等、直接利益を生まない仕事、いい換えれば、誰でもできる仕事は、優先順位が低く、普段、注目されることはありません。歴史的に社員の間では無駄な仕事と認識されてきたようです。

経営者なら一見無駄に見えるこうした仕事も組織の運営において、その意義は十分理解しているはずなのですが、彼らでさえ会社が上手くまわっていないと、「無駄な仕事をしている者から整理する」と公言することも少なくありません。無駄とされるこれらの仕事をする人の価値評価は決して高くないのです。

ところで、会社を訪れた人々、たとえば顧客、将来の顧客、仕入先、出入りの業者など誰であるかにかかわらず、ていねいに挨拶し、笑顔で対応できる人がいたとしましょう。来社した人はその会社に対し、どれだけ高い評価をするでしょう。その瞬間には具体的に何の利益も発生しないにもかかわらず、です。

また、社内に並べられているパンフレットの埃をいつも気にして掃除し、床に落ちた細かいゴミを自分が通った時にさりげなく拾っている人がいる。それに気付いた同僚や上司は、その人に対してどんな感情を持つでしょう。


自身の合理性を爽やかに切り捨て、ムダを実践する。周りのためにこうした一見利益にならないことを気持ちよく行う人に対し、一定のリスペクトが生じることは間違いないでしょう。自分たちもその場にいることに心地よさを感じるからです。

そういう人がたくさんいれば、結果的にその会社は社外にも社内にも良い環境づくりが進み、経営的にも必ず向上するでしょう。


話は変わりますが、職場の中での〝意味あるムダ〟の必要性から、職業において起きる矛盾を考えてみましょう。

アメリカの文化人類学者デヴィッド・グレーバー著『ブルシット・ジョブ――クソどうでもいい仕事の理論』では、人のためにならないどうでもよい仕事に携わる人たちに、高額な給与が支払われ、それを誰も止めることができないことを細かく論じています。プライベートエクイティ・CEO・ロビイスト・広報調査員・保険数理士・テレマーケター・裁判所の延吏・リーガルコンサルタントなどを挙げ、ブルシット・ジョブとは被雇用者本人でさえその存在を正当化し難いほど、完璧に無意味で不必要で有害でもある雇用の形態としています。

同書では、こんな例も挙げています。屋根に穴が空いたので「大工を頼んだところ、一向に来てくれない。ようやく来たのは、大工が忙しくて来られないとお詫びに来た苦情処理係であった」苦情の原因そのものを処理できる能力も権限もない人だったというのです。

無意味な目的の仕事が拡がってきているということが懸念されているのです。そして、実に皮肉な真理を指摘しています。

「私たちの社会ときたら、労働の社会的価値がその経済的価値に対して反比例している。仕事が他者のためになればなるほど、その仕事への対価は下がっていく傾向にある」

本当に社会が必要とする仕事は、経済的価値という観点から社会的に待遇が低いことが宿命づけられているような現状に対する、著者の嘆きを読み取ることができるのです。

そう考えていくと、今、日本で言われ続けている人手不足も、総体では決して不足しているわけではなく、社会が実は必要としていないのだけれども高額報酬を得られるような仕事には人手が溢れ、社会が必要とする労働力、たとえばエッセンシャルワーカーなどは、経済的価値が低いために労働力が不足しているということなのかと、ため息をつかざるを得ません。

それでも私は願うのです。新たに職業を選択する人は、合理的な基準を封印して、自らの生き方に尊厳をもてる仕事に挑戦することを。

エッセンシャル産業と矛盾グラフ

私たちはコロナ禍を経て、エッセンシャルワーカーという言葉をしばしば耳にするようになりました。

介護・医療・福祉・保育などで働く人々を指します。これらの仕事は人でなくてはできず、また、サービスを受ける側も必ず人が存在します。こうした仕事をする人たちがいなくなったら、社会は大混乱に陥ることが、コロナ禍によって明らかになったのです。

エッセンシャルワーカーは仕事をするにあたって経営上しばしば非合理なサービスを相手に与えることもあります。そして、それは多くの場合、相手に対する思いやりに根ざしており、人間のあるべき形として有意義な行為であることが多いのです。にもかかわらず、その行為について経済的価値を測定することは難しく、そのために極めて低い水準の待遇に甘んじさせられています。

つまり、今の社会は合理的にお金で測ることができる仕事が評価される一方、お金で測ることが難しい仕事――それがなくなったら、人々が生きていけなくなるほど重要なもの――は金銭的評価が低いのです。

投資産業やインターネット産業などは、生活に役に立つ仕事ではあるにせよ、仮になくなったとしても別にほとんどの人は困りません。にもかかわらず、こうした仕事に従事する人たちの得る経済的利益は最も高いのです。

仕事に対する報酬という経済的側面から見ると、社会に必要な仕事ほど金銭的評価が低く、なくてもそれほど困らない仕事ほど金銭的評価が高いという現象に気づかされます。この現象をグラフにすると、下図のようになります。

日本の産業の矛盾グラフ

（タナカ式 産業の矛盾グラフ）

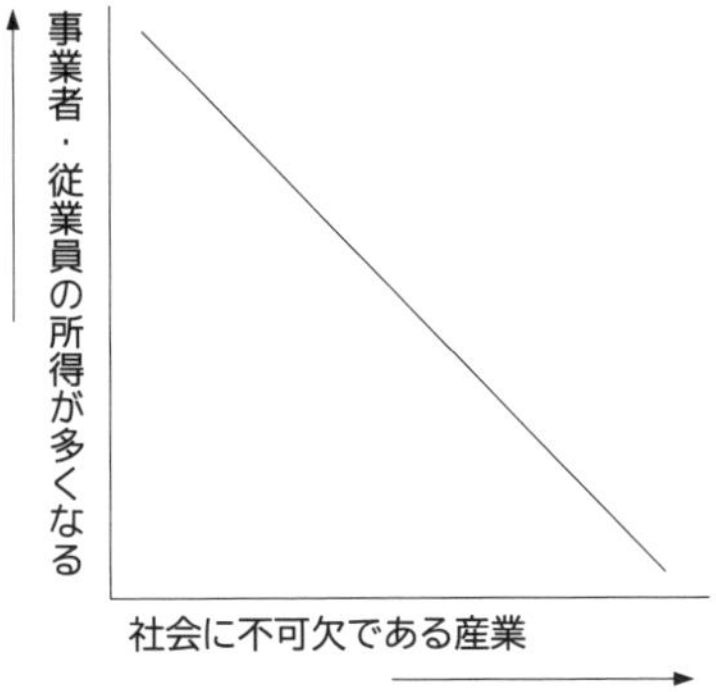

事業者・従業員の所得が少ないほど、社会に不可欠な産業である。

エッセンシャル産業で働く人たちは自らの仕事の矜持として、お金を得ること以上に相手のために役に立つことを掲げているのが特徴です。

ちなみに、地域社会に不可欠であるけれども、今、なり手がいなくて大きな懸念が起きている民生委員や保護司の仕事は無報酬なのです。

また、エッセンシャル産業の次のグループである清掃業、飲食業、小売業なども、その必要性については第一のグループよりは弱いとはいえ、社会においてなくてはならない仕事ばかりです。にもかかわらず、その仕事をする人たちの収入が、一様に恵まれていないということは悲しいことです。

こうした現象をひと目で表したものが前ページの「矛盾グラフ」ですが、このグラフを眺めていると、エッセンシャル産業の在り方を抜本的に見直すことができるかどうかに、幸せで豊かな日本の将来はかかっているといっても、決して言い過ぎではないと思えてきます。

人の話に耳を傾ける

人の話を真剣に聞くことは、けっこう大変なエネルギーを要します。自分にとって興味のある話・大切な話は黙っていても自然に耳に入ってきますが、どうでもいいと思っている話をされてじっと聞いているのは、かなりつらいし忍耐力を要します。聞いている方は無駄な時間を費やしているという気分になるからです。

これは自分にとって合理性のある内容なら、相手の話を積極的に聞こうとすることの裏返しでもあります。

会話はお互いさまでなければならないことも分かっていますから、ほとんどの人は相手の話は聞かなければいけないと努力を試みます。努力しているからエネルギーがいるし、くたびれるのです。

当然ながら、相手は話をしたくてするわけで、多くの場合真剣です。こちらがいい加減に聞いていれば、さまざまな所作でわりとすぐに察知されてしまいます。いつもそういう聞き方をしている人に対しては、話す方は信頼感をなくしていくことでしょう。

一方で、どんな話でもそれなりに話を聞こうという態度を示す人には好感を持ち、よりよい関係になるように近づきたくなるでしょう。つまり、相手の話が自分にとって無駄であり、非合理であると思うような時こそ、一生懸命相手に向き合って聞こうと努力、いや工夫をすることが思いやりにつながるのです。

メールと比べてみればよくわかります。メールはそうした聞いてあげる、聞いてもらうという気づかいが不要です。我慢して相手の話を聞く必要がありません。だから、今の時代重宝されるのかもしれません。しかし、相手の話をしっかり聞くというコミュニケーションの場が失われることで、人と人が結びつくチャンスが失われていることも事実です。メールでいかに気の利いた返答をしても、相手にしてみれば、意味あるムダな努力をしてもらっているとはあまり思わないからです。

メールと会話は全然違います。相手の話がつまらない、と思ったときこそ自分にとってムダをするチャンスだと思うのです。つまり自分の中のスイッチをしっかり切り換えて、積極的に〝ムダ〟なことをしていこうという心構えを持つのです。これを心がけていくと、いつの間にかあなたの人間関係は豊かになっているでしょう。

これを人生のノウハウとして身につければ大きな力となります。人の話に耳を傾けようというムダは決して無駄ではないのです。

公益活動の本質はムダにあり

私は東日本大震災直後に公益社団法人を設立し、今も岩手県大槌町を中心に復興支援活動を続けています。地元の方々による焼きたてパン屋やコミュニティーハウスなどの事業の運営や、被災地３県への学習旅行支援などをささやかながら進めています。

後に熊本地震や西日本豪雨などの被災地にも活動範囲を拡げたために、「設立時の目的に入っていない地域を支援した」として行政からお咎めを受け、現在は一般社団法人に移行しています。

東日本大震災の復興支援を行うことを目的に設立した公益法人は、他の被災地を支援してはいけないという〝しばり〟があったためです。

行政から一銭の援助も受けていないにもかかわらず、公益社団法人は箸の上げ下ろしまで行政に細かく見張られており、情けないことですが本来行うべき公益活動を制約されることが少なくないのです。

公益活動とは不特定多数の人々に最大の幸せをもたらすことを使命にしている、と私は認識しております。

その活動は、営利か非営利かという経済的合理性だけで単純に判断できるものではありません。しかしながら、日本では公益活動の制度は非常に柔軟性を欠いており、経済合理的思考内で行うことを余儀なくされています。

収入と支出のバランスをしっかり保ち、お金の収支が合わなければダメ（入るを量りて出を為すの思考です）。一年以上の事業費を持ってはダメ。全体の事業の内50％以上は公益事業であることが必要。等々、すべて目に見えるお金の動きだけで公益性を判断しようとしているのです。しかし、人のためにムダをするのが公益活動ですから、お金の面だけでコントロールしようとすること自体が間違っているのです。

公益法人は金銭的にも多くの無駄をすることを覚悟して活動しています。心が折れそうになることも日常茶飯事です。自己実現の喜びなど遠い国の話です。そんな中で、無用の制約が多すぎるために、できるはずのことができないという人為的な矛盾は悲しいことです。

公益社団法人は何のためにつくられたのか、指導する立場の行政がそれを忘れているのは情けないことです。合理的に自分の利益を考えていたら、到底、活動はできません。志を持った人が集まって他人のためにムダを承知で活動しているのです。その人たちの活動を行政が過剰に制約するようでは本末転倒といわざるを得ません。

多くの逆風の中で、それでも続けるのは、活動の中で生じるコミュニケーションが、人々の日々の生活を少しでも豊かにし、幸せにするために必要なものだからです。かかわった方々との一期一会は、たとえ具体的な形にならなくても、相手になんらかの思いやりの心が届き、小さな幸せをもたらすことができるのです。それはどんなに尊いことでしょう。

国は公益法人というものが何のために存在しているのか忘れています。公益活動とは、合理性を排除してムダなことをするのだという覚悟をもって進めていくものなのです。

ムダな手間をかけた料理の味

家庭で料理をする場合、時間をかけずに合理的に行うことが出来るような仕組みが時代とともに進みました。現代では、ほとんどの家に電子レンジやオーブンなどがあり、さらに、スーパーやコンビニエンスストアなどでは、調理されて食べるだけになっている食品もたくさん売られています。

消費者の多くはこの合理的な食生活を追求する一方で、レストランで食事をとる際は、料理人の手間がかかったものを求めます。手間がかかればかかるほど評価します。料理人の側も合理的調理法を嫌い、敢えてムダな手間をかけます。

もちろん料理人としては、そのひと手間で料理が一味違うものになり、そのムダがお客さんに届くようにと願いながらやっているのでしょう。

例えば、海老を使ったソースを作る場合、機械ではなく手で海老を割って小さくしていく料理人がいます。「機械だと味に深みが出ない」と言うのです。機械で素早く、楽に作れるのにそれを拒み、非合理的に料理することを追求する。それは、料理を食べる顧客のためのムダ、すなわちおもてなしの心でもあるのでしょう。

都内のあるレストランの店主Kさんは、元一流ホテルの料理長でした。その頃のKさんの体験談です。

「あの頃、定期的にフランス料理のコースを楽しむお客様の会がありましてね。そのお客様の中に車椅子の方がいらっしゃいましたが、咀嚼に難があるらしく、お肉や生野菜を避けてスープとムースだけしか召し上がりませんでした。

何とかしてあげたいと思い、仕事が終わった後いろいろ研究しました。たとえば、前菜をすりつぶした色とりどりのペーストやピュレなんかですね。手間をかけたのは肉料理です。何十回も繊維の残し具合を試しました。

それを食したお客様が『3分の1になった胃袋にしみ込みました。なんだか若返った気がしますよ』とおっしゃってくださった時は内心、飛び上がりましたよ」

Kさんの話を聞きながら、調理場に居残って深夜までムダかもしれない試行錯誤を繰り返している料理長の姿が目に浮かびました。

料理を作るという行為一つとっても、とにかく作り上げることを目的とする合理的思考を超えて、食べる相手を意識することでムダを行う大切さが見えてくるのです。

こうしたことは家庭でも起きていることです。いつも食事を作ってくれる妻に代わって、週に1回夫が厨房に立ちます。一つのメイン料理を作るために前日からさまざまな材料を買い込み、不慣れな手順で時間をかけ、結果的に並以下の料理を作ることもあるでしょう。

妻は合理的な思考で、夫の犯したミスや浪費を指摘するかもしれません。それでも、妻のためにムダでも最大限の努力を捧げたことで、結果的に夫婦のコミュニケーションは円満になるに違いありません。

何であれ、誰かのために行うムダは、相手の心を温かくするからです。

助け合いを日常化させるために

日本が貧しかった頃は、地域の結びつきはさまざまな形で機能していました。ご近所同士で食べ物を届け合ったり、テレビや8ミリビデオの鑑賞会など、自分の家だけにある先進的機能を隣人に融通したりすることも自然に行なわれました。

それは、物質面にとどまらず、ソフト面でも日常的に行なわれました。相手の子供を預かったり、子供たちを行楽に一緒に連れて行ったり、思いやりの心が発揮される場面が多くありました。つまり、物心両面でコミュニケーションをする社会環境ができていたわけです。

現在は、物質面において一般的にこうした助け合いをする必要はなくなりました。生活レベルが大きく向上したからですが、その結果、相手とのコミュニケーションをとるきっかけを失ってしまったともいえます。具体的なモノの融通をする必要性や緊急性の無い状況になり、日常的な交流がなくなってしまうと、ソフト面の交流を行なうことは存外難しいのです。生活における個人個人の選択肢が細分化されたことも大きな要素だと思います。人々が日常生活の中でしなければならないことが年々増加していく中で、相手のことを考える余裕も失われてきているのです。

人はコミュニケーションを多くとることで、忍耐力も強まります。つまり、人との接触の無い人は少ない経験で人と向きあって、思うようにいかなければストレスを強く感じ、ますます人付き合いが苦手になります。精神的には、昔に比べて一層多くのストレスを抱える人が増えているにもかかわらず、その負担を和らげる社会的なシステムがむしろ退化しているというのはなんとも悲しいことです。

合理性を常に前面にたてて社会が構築された結果、非合理的な人々の営みがやってはいけないこと、あるいは、やっても意味のないことにされてしまったことによる弊害ともいえましょう。

私たちは合理性の根元ともいうべき資本主義についての見方を変え、個々の精神の安寧と活発なコミュニケーションのために、できることをしなければならない時を迎えているのです。

「雨ニモマケズ」は百年前のムダのすすめ

宮沢賢治の「雨ニモマケズ」は、賢治らしい表現で人のためのムダがいかに大切かを切々と訴え、非合理的な生き方をすることを目指そうという詩だと思います。
他人《ひと》のため、思いやりを最優先して行動することを心掛け、その一方で成果を上げることを期待してはいません。自己実現を想定していないのです。だから他人からの評価は気にしていません。一部を引用します。

ヒデリノトキハナミダヲナガシ
サムサノナツハオロオロアルキ
ミンナニデクノボートヨバレ
ホメラレモセズ
クニモサレズ

無駄なことをすることは人間として大切なことなので、誰からも評価されないとしても、そうしないではいられないと割り切っている感じが伝わってきて、衝撃を覚えました。

また、自身の都合や利得という合理性を排除し、相手に対する思いやりをもった非合理な行動を具体的に挙げています。

東ニ病気ノコドモアレバ
行ッテ看病シテヤリ
西ニツカレタ母アレバ
行ッテソノ稲ノ束ヲ負イ
南ニ死ニソウナ人アレバ
行ッテコワガラナクテモイイトイイ
北ニケンカヤソショウガアレバ
ツマラナイカラヤメロトイイ

そして、この詩の圧巻は最後にあります。

ソウイウモノニ
ワタシハナリタイ

締めくくりで、賢治自身も決してそれを実践できていないとしながらも、どれだけ相手への思いやりが大切か、そして、そのためには自分が合理的になってはいけないのだということを簡潔に言い切っているところにしびれてしまいます。

宮沢賢治の作品には、非合理を大切にする思想が満ち溢れていて、その切実さが多くの人に時代を超えた共感を与えているのでしょう。１００年前にムダの大切さを確立させた賢治に、筆者は歳を重ねるにしたがい、いっそう憧憬を覚えてしまうのです。

資本主義による破壊を止めるムダ

資本主義の思想は、経済活動に留《とど》まらず、私たちの生活の至る所に影響を与えています。資本主義は、すべてのものを金銭による交換価値で評価し、そこに利益を見出すことができれば、取引の具として貪欲に取り込もうとしてきます。

その思想が、環境や生物に重大なリスクを与えつつあるのが、現在の世界なのです。絶滅危惧のある希少生物を買い漁り、環境破壊をものともせず、世界中の山林を切り崩して商品化することなどは典型的な例でしょう。

日本でも、本来侵してはならないはずの土地や山林が取引され、山の斜面にまでマンションが建てられています。地域の人々の共有財産が食い荒され、法的にも守ることができないままに消失していっています。そうした、地域にとってかけがえのないモノも、交換価値が無くなれば放棄されます。儲かることにのみ金銭が注ぎ込まれ、そこに生きる人々の生活など二の次となっています。

自然環境というものは、そこに住むすべての人の共有財産（コモン）です。誰かがこれを一人占めすることは許されないはずです。しかし、土地を売買対象としたことで、自然環境というコモンが個人や企業の所有物とされ、大規模な開発で森は伐採され、多くの生き物は行き場を失い、清らかな空気や柔らかい日差しも一変しました。つまり、そこに住んでいる人々が当り前のように享受していた自然環境が、一方的に破壊されてしまうということが起きているのです。

そこに利益を見いだし、法的に処罰されることさえなければ無制限に取引として進めていく。深刻なのは、そういう行為をする人々は、道徳についての意識がないまま、当然の権利として行動していることです。これを、無道徳と表現する人もいます。道徳に反するのでなく、道徳という概念が無いということです。

このことは、人々の仕事の在り様にも大きな影を落としています。儲かる仕事に人が無造作に投入される一方、本当に社会を支えなければならないエッセンシャルワーカーなどライフラインの仕事は常に人手不足です。

国はそのバランスを取る態勢をつくらなければならないのに一向に動かず、資本主義の論理で投資が向かわない分野の働き手は低賃金のままに置かれています。資本主義の論理は、働く人の動向や所得にも矛盾を起こし続けています。

話を戻しましょう。

「すべてのものが取引される」という資本主義の考え方は、人類共通の財産を分かち合うべきコモンと認識する見方からすれば、明らかに道徳に反しているといえます。道徳的には間違っていることが、資本主義の思想を擁護する法律によって守られているのです。その間違いを、あろうことか国が率先して進め、国民はそれを容認しているように見えます。まさに、最大多数の最大幸福を求める公益の思想は切り捨てられてしまっています。

日本での典型的な例を見てみましょう。駅前に次々と高層マンションが林立し高値で取引されています。少子化が強く懸念される21世紀半ばの今、ＳＤＧｓといった掛け声が拡がっているにもかかわらず、こうした営みはむしろ加速度的に進んでいます。

数十年後には日本の人口が大幅に減少することは明らかです。作られ続けているマンションは、居住者のいない墓場のような場所となっていくことでしょう。その時、このマンションを誰が取り壊し、元の更地に戻すのでしょうか。取引価値のなくなったマンションは、資本主義の思考では何の魅力もないものとなり見向きもされないでしょう。

そのツケを払うのが国民だとすれば、人々から自然環境という共有財産を取り上げ、食い散らかし、最終的に不要なものとして押し付ける資本主義とはいったい何者なのでしょう。

国内では宅地でさえ取引価格0円のものが増え始めています。土地神話は遠くなりつつあるのです。この点だけを見ても、環境破壊のツケは、かなり近い将来、必ず私たちに直接リスクをもたらすことになるでしょう。

資本主義の下で進められた共有財産の破壊を見直さなければならない時が来ているのです。そこでの思考は、合理性を排し相手のことを考える非合理なムダをするところから出発しなければならないでしょう。

究極のムダ お葬式

コロナ禍を経て最も大きく変った生活様式は、葬儀に関するものでしょう。21世紀に入って超高齢化が進み、80代、90代で亡くなった人の知人の多くは、葬儀に参加できない高齢者あるいは故人であり、葬儀を盛大に行なう必然性がなくなってきています。

こうした傾向がコロナの蔓延で一気に進み、現役バリバリで働いていた人の葬儀であっても、遺族の判断で小さな葬儀になることが増えています。

こうして、家族葬という親族程度しか呼ばない形が急増し、通夜・告別式を一日で済ませることも当たり前となり、病院や遺体安置所から直接火葬場へ行き、そのまま焼骨する直葬も相当数あります。これらは、多くの人が葬儀に参列するだけの時間はないという合理的理由で支持されているわけですが、その根底には人間関係の疎遠化が大きな要因としてあることは間違いありません。しかし、それも無駄な時間を費やして人づきあいをしなくなったことの結果であるわけですが…。

さて、葬儀の際、お寺から僧侶が来て、弔ってもらうにあたり戒名をつけてもらうわけですが、この点に資本主義的要素が色濃く反映されるようになってきています。

一般的に、お布施の金額は幾らと決まっておらず、施主の気持ちとして支払うことが社会通念上の原則でした。しかし、今は多くの場合、お寺の側から戒名の位階などを基準に金額を提示することが増えています。つまり、一つの商品となっているわけです。

戒名の位階は最後の二字でだいたい判ります。信士（男）、信女（女）→居士（男）、大姉（女）のように決まっており、お寺への支払い額はおよそ５万円～１００万円と大きな幅があります。お布施とは、戒名料＋読経料です。

ここだけを見ると、お寺が合理性を取り込んだと思われがちですが、多少その要素はあるものの、多くは施主の側が、葬儀を経済的行為として意識するようになり、多額のお布施を払うということに違和感を持つようになった背景があります。つまり、二日間で１～２時間のお経を読んでもらって50万円、１００万円というお布施を支払うという

ことについて、合理性を欠くと考える人が増えたということです。

お布施を支払うことが文化ということになるかどうかは分かりませんが、ここにも資本主義の包摂が進んでいるのだという感慨は禁じ得ません。

お寺とそうした経済的関係に陥ることを避けるために、僧侶を呼ばない無宗教葬儀や直葬が増えているのです。

時代とともに変わる葬儀が、今まさに急激に見直されているのは、資本主義の影響を最も受けやすい要素を持っていたからにほかなりません。結果的に、かろうじて続いていた親族間のコミュニケーションも断絶していくことは寂しい限りです。

第三章　人に関心を持ってこその人生

定年を迎えた人は社会の人材

定年が65才まで延びた企業が大幅に増えましたが、ほとんどの人が65才を過ぎても元気で働く意欲を持っています。

そして、再雇用を求め、新たな雇用主（会社）を探します。結果的にそれまで自分が培ってきた能力や経験をほとんど必要としない業務であっても、あきらめと共にそれを受け入れて職に就くのです。当然、支払われるフィーも雇用最低賃金がほとんどであり、業務内容も責任感を多く求められるわけでもなく、決められた時間にそこに居れば済むというレベルです。

政府が本人の知見を活かしたシニアでの起業を呼び掛けても、応じる人はほとんどいません。限られた資産を夢のために投じ、老後の生活を危うくすることなど真っ平だとの思いがあるのは当然です。

年金だけでは心もとない生活を少しでもカバーするのが目的であれば、最低賃金でおもしろくない仕事をすることであっても、それは決して悪いアイデアではないのです。

こうした状況を見ていると、21世紀も半ばとなり文明が日々前進しているにもかかわらず、人々の生活と文化観・社会観は、むしろ衰退しているのではないかと感じてしまいます。見た目は合理的な老後の身の処し方ということなのかもしれませんが、これは、経済学者の多くが唱える「人間が資本主義に包摂されてしまっている」という状態なのではないでしょうか。

サラリーマンという言葉自体には、そこに潜む深刻な響きはほとんどありません。サラリーマンは、給料をもらって契約した時間のみ仕事をするという形態ですが、多くの人がサラリーマンを辞めてもなお、サラリーマンの呪縛から逃れられなくなっているのではないでしょうか。

長年、雇用という形で自らの労働を商品として企業（資本家）に売ることでお金を得てきたために、その方向でしか考えられなくなっているのです。

さて、ここからが更に大きな問題です。資本主義の仕組みに長年組み込まれてきた人たちは、地域社会やこれまで培ってきた人間関係によって、自己の生活を支え、豊かにするという選択肢を選び難くなってしまったのです。

地域における貴重な共有財産や濃厚な人間関係があれば、多くの経験を積んだ知見豊かなシニアが、地域の中で新たな経済的自立をすることは十分可能ではないかと思います。

けれども資本主義の論理に染まった今の社会では、経済的取引のない、こうした地域の活動などはボランティア、つまりタダで行うのが当り前という間違った考えが横行しているのです。

多くの公益活動に対し、その労務は無償ですべきものと、世間が勝手にレッテルを貼っているのと同じ視点です。こうして残念ながら、公益活動は利益のない無駄なこと、生きていくためには積極的に取り組むべきではないこととされているので、多くの退役サラリーマンたちは公益活動に参加しようとしないのです。そして、自分の能力をほとんど活かせず、わずかな賃金しか払われないアルバイトを選択し、老後の貴重な時間が費やされていくのです。

長年かけて培った知見を、公益活動や地域のための活動に活かしていくことができれば、どれだけその人も社会も豊かになることでしょう。無駄だと思って手をつけられていない公益活動に、もっと多くの人々にかかわって欲しいのです。

国はそのための原資を拠出する仕組みをつくる必要があります。多くの人が地域のことに関心を向ければ、そこに住む誰もが生活しやすくなり、コミュニケーションも豊かになるはずです。それは、例えば災害の際にも大きな力となるでしょう。その担い手が定年を迎えた人たちであることこそ、日本のあるべき将来の形といえるでしょう。

一時の感謝は忘れやすい

人間の善なる感情として、尊敬、思いやり、公正、愛、寛容、感謝などいろいろありますが、その中で、感謝とはどういう感情でしょうか。

感謝は、自分に対して相手が思いがけず幸せを与えてくれた時に感じる気持ちの発露ですが、そうした瞬間的な心の動きを表現できる機会は意外と少ないものです。

ある行為を受けてからしばらくして、一歩客観的になって相手がしてくれたことを冷静に分析し、「これは御礼を言わなければならない」と自覚した上で相手に伝える方が圧倒的に多いかもしれません。誰かから自分を幸せにしてくれる行為を受けた場合でも、その時は気がつかないことが多いからです。

誰かに良いアドバイスを受けたとか、役立つ人を紹介してもらった時、ありがたいと思っても感謝の気持ちをしっかり伝えられないことが多いものです。改めてお礼を言わなければと思っているうちに時がたち、やがて忘れてしまいます。人はこういう小さな不義理を重ねながら長い人生を過ごしていくのではないでしょうか。

感謝を忘れない人は、時間をかけて相手のしてくれたことの意味を正確に認識し、その思いやりを受けとめて、相手に対して感謝の思いを育んでいるのです。

感謝ができない人は、この一定の時間をかけ、熟成することを待つことができないのだと思います。合理的にモノを考える人は瞬間的な感謝はできても、客観的な思考の中での感謝の育成は苦手なのではないでしょうか。ムダな時間をつくる心の余裕がないからでしょう。

人との付き合いの中で、ムダな時間をつくるとは、どういうことでしょうか。相手と対面している時だけではなく、時間枠を広げて相手と会っていない時まで、相手を気にかける心の余裕を持つということです。

コミュニケーションとは、人と直接話している時だけがすべてではありません。むしろ、接していない時に相手のことを考え、次にとるべき自らの方針を煮詰めることこそ、コミュニケーションの場を成立させる最も重要な鍵になるのです。その際に、最も大切なことは、相手に対して感謝の心を育む態勢をつくることなのです。

たとえばノートを一冊用意して、心に残ったことをメモしておいてはいかがでしょうか。感謝する出来事があった時には、その日のうちに簡略に記しておくのです。そして時折読み返します。それだけでいいのです。こうして記憶が残っていくだけで、自然と相手に対する感謝の心が育まれるでしょう。

こういうことは、相手に対してこちらの誠実な思いを伝え一定の評価をしてもらうため、つまり合理性に基づいて行うことではなく、自らが相手のことを大切に思うようになるためのささやかな方法なのです。

注意する相手への気遣い

自分がこうすべきであると思っている小さな規範について、誰かがそれを破っているのを見ると、ストレスが生じるものです。

誰もが問題と思う法律違反・就業規則違反・校則違反など明文化されたことに対する違反のことではなく、社会常識・家庭のルールなど暗黙の同意があるものや、もっと曖昧だけれども自分としては必ずこうしなければいけないと考えていることについての違反行為などです。

そうした規範を持っている人としては、それをいちいち糺《ただ》すことは小さな使命だと意識するのでしょうが、相手にそれを指摘することは、やはりストレスを伴います。

たとえば、親子ならば躾としてやるべきことなのか、あるいはそこまではすべきでないのか、どの親も何度も悩んだことがあるでしょう。また、公共の場で子供が騒いでいるのを止めない親を見て、他人である自分が直接叱るべきか、思案することも決して少なくありません。

会社内でも勤務中にインターネットを長時間楽しんでいる人や、何度も喫煙のために席を外すといった人に対して、どう注意をするべきか、あるいはそのくらいのことはいいのではないかと自問することがあるでしょう。人は、それぞれの小さな正義感と向き合って日々を送っているのです。

これらのことに対して自分がどう動くべきかという解は、極めて難しい。物怖じしないタイプの人でも、こんな場面で自分がどう動くべきかの判断は、なかなか的確にはできないでしょう。

そうした時、非合理的な発想で考えてみると、どうなるでしょうか。

今述べたような場面で、どうしても気になるのであれば、まず相手のためを考え、そのために自分はどう行動するのが良いのかを考える、という順序になります。

はっきりしているのは、自分のストレスを解消することを優先して行動すると、あまり良い結果にはならない、ということです。むろん、何であれ相手に注意をすれば、コミュニケーションにおいて一定のストレスは生じるでしょう。それならば、むしろ我《われ》を捨て相手を優先するわけです。相手のためを考えての行為なのだから、仮にその注意が無駄になっても良しとする見極めがしやすくなるでしょう。

つまり、止めさせることが目的ではなく、誤っていることを伝えることが目的なので、自ずから言葉づかいや態度も柔らかくなるでしょう。

相手の行動を変えることを主目的としないので、目に見える何かをしたというような自己実現にはならないでしょう。それでも言うべきことを言うことで、自分自身の中で一定の心の解放にはなります。自分のためではなく相手のためという逆転の発想によって気楽になり、言い方や態度が軽やかになる、それがかえって相手に通じて、相手も応じてくれるという結果につながるかもしれません。

それが、人生における一期一会の生き方ともいえるのではないでしょうか。

一方、我慢をして黙っていても自然に通り過ぎることも多いのです。つまりそれで良かったということも少なくありません。正解は決して一つではないのです。

相手に対して動くべきか動かざるべきか。判断する時には、常に自分を見つめる客観的な目が必要であることはいうまでもありません。

安楽死と非合理

社会の超高齢化は、自ら死を選択する権利と義務について人々の心に大きな波紋を広げています。

長生きをしたことで体が衰え、毎日生きていることが大変苦痛となる。誰かに迷惑をかけてばかりの状況が耐えられない。さらには、思考力が衰え、悩むことさえ出来なくなる恐怖がある……こうした状況に陥った時、自身がどのような死を迎えるのかという問題に対する判断は、最も困難なものでしょう。

現代の日本において、死を選ぶことは絶対の悪であり、なにがなんでも生き続けなければならないという価値観があります。その一方で、尊厳死については多くの人が肯定的であり、自身の延命においても、一定の措置以上はしないで欲しいという思いが大勢を占めているようです。

つまり、合理的に考えれば死は真っ向から否定され、生を選択することに一片の迷いもないにもかかわらず、非合理的な思考、すなわち人間的な判断においては死を受け入れようという見解が明確に存在しています。

過去にも、患者の悩みを受け入れ安楽死に手を貸した医師が罪に問われていますが、多くが執行猶予付きの有罪判決となっています。合理性の塊である司法もこの問題については、非合理を受け入れざるを得ないことは興味深いです。

ところで、人の死というものを、本人だけで決められるのかどうかということも、実に難解な問題です。人は自分の周りの人、すなわち家族、友人、仕事上の知人、そして治療してくれている医師等、多くの人との関係の中で生きています。

自分の死がどれだけ多くの人に影響を与えるのかということも、重要な判断基準となるでしょう。そこには、究極の思いやりが伴うのではないでしょうか。苦しくても勝手には死ねない、という人の置かれた状況を誰が救ってくれるのか。

それは法律ではないような気がするのです。この分野にも合理性を排除したムダな思考を活かさなければならないように思います。

営業トークとムダ心

ＮＨＫの番組で『正直不動産』というドラマを見ました。不動産営業でウソを駆使した接客でトップセールスマンだった主人公が、呪いがかった石碑を壊したためにウソがつけなくなり、本当のことしか言えなくなってしまうという話です。

ウソがつけなくなったといっても、本当に人を騙すことを前提とした話ではなく、顧客との会話の中で自分の本音を口走ってしまったり、購入条件を説明する際に顧客にとってのデメリットを言わずにはいられなくなってしまうということなのですが、それだけでも顧客は驚き、激怒し、席を蹴ってしまいます。当然ですね。

営業トークが全く出来なくなった接客など誰も満足しないでしょう。顧客は混乱し、その営業マンや会社は信用されなくなります。しかし、主人公が実は真実を正直に語っていると気づくと、顧客は不思議と誠意を感じてしまうのです。そして、結果的に案件の成立へ進んでいく、というストーリーです。

現実はそれほど簡単に運ばないでしょう。しかし、自分の仕事を上手く運ぶために相手にとって不都合な情報を敢えて提供しないというのは、多かれ少なかれ誰でも経験していることと思います。それで上手くいくこともありますが、相手に伝えなかったことで、後々恨まれることも少なくありません。

それが分かっているのに、なぜ言えないのでしょうか。それは、その場を乗り切ることを優先するという合理性に支配された心が、思考をコントロールしてしまっているからなのではないかと思います。

一年後には・・・

遠回りしてもいい。その話が破談になってもいい。とにかく、相手のことを考えて言うべきことを言う、という思いやりの心があれば、今、言わなければならない言葉は見

えてくるはずです。それは、自分にとっての無駄をするということを覚悟した時に、自然にその境地に達するともいえます。

ビジネスにおけるムダ、つまり非合理性の実践はむずかしいものです。しかし、実はこれこそビジネスの真髄であり、醍醐味なのです。非合理的な営業が結果的に人間同士の確かな信頼関係を築き、良い成果をもたらすことになるのです。さらに、そういう立ち位置をとる方が、人生において豊かな日々を送ることができるというものです。

この番組をつくったＮＨＫの人たちも、番組を見て清々しい気持ちになった私たちも、潜在的にそれを感じているのではないでしょうか。

「時代おくれ」という歌の魅力

30年以上前に河島英五さんの歌った「時代おくれ」は、そのタイトルに反して21世紀の半ばになっても歌い継がれています。作詞は、偉大なヒットメーカーといわれた阿久悠さんです。

阿久悠さんの作詞家人生でも後半の、円熟期の作品です。社会に合わせることはしないけれど、家族や友人を大切にして社会の片隅でひっそり生きる男。周囲の人はその男が居るだけで幸せな気分になる。本人は自分の利益を主張せず、ムダな生き方、非合理な過ごし方をしている。そんな男の人生を歌っています。

一日二杯の 酒を飲み
　さかなは特に こだわらず
マイクが来たなら 微笑んで
　十八番《おはこ》を 一つ 歌うだけ
妻には涙を 見せないで

　子供に愚痴を　きかせずに
男の嘆きは　ほろ酔いで
　酒場の隅に置いて行く
目立たぬように　はしゃがぬように
　似合わぬことは無理をせず
人の心を見つめつづける
　時代おくれの男になりたい

不器用だけれど　しらけずに
　純粋だけど　野暮じゃなく
上手なお酒を　飲みながら
　一年一度　酔っぱらう
昔の友には　やさしくて
　変わらぬ友と　信じ込み

あれこれ仕事も　あるくせに
　自分のことは後にする
ねたまぬように　あせらぬように
　飾った世界に流されず
好きな誰かを思いつづける
　時代おくれの男になりたい

一本揺るがないのは、合理的な生き方を感じさせる部分が全くないというところです。同時に、人との接し方について徹底的に非合理を通しているのです。

妻を始め子供、昔の友、誰とは出てこないがマイクを回す人、上手なお酒を飲みながら語らう相手、思い続ける好きな誰か……そして、「目立たぬように、はしゃがぬように」を心がけ、常に誰かの心を見続ける非合理的な生き方を受け入れている男。

こうした人を〝時代おくれ〟と呼ぶところに、この曲の凄みがあります。阿久悠さんはこの頃すでに、時代に合わせて合理的な生き方をしようという風潮に強い危機感を抱いていたのではないでしょうか。

私たちは、何が大切かを分かっていながらも、なかなか実行できないものです。本当に大切なことを目立たぬように体現している男に、多くの人が共感して歌い継いでいくのでしょう。

この曲が流れると、〝人のためのムダ〟の大切さを信じて生きる私も、少し温かい気持ちになるのです。今の日本にとって、本当に必要な生き方を、20世紀に見抜いていた阿久悠さんの眼力に脱帽するばかりです。

テイカーとギバー

テイカーとギバーという言葉を知っていますか。テイカーはテイクする人、つまり何かを得ようとする人、ギバーはギブする人、こちらは何かを与える人です。別に明確な基準があるわけではないのですが、総じてテイカーは自分の利益を優先し、積極的にそのための行動をとります。ビジネスの世界では、当然その考え方で動くべきとされ、やり手のテイカーが事業の中での成功者と考えられてきました。

一方、ギバーは自分の利益よりも相手の利益を考えるので、ビジネスにおいては敗者というイメージがありました。もちろん、現実の社会はそんなに単純なものではありません。相手の利益を考えるといっても、なんでも安く売ってしまうとか、顧客の言うことをすべて聞くとか、そういうことではなく、同僚の仕事を手伝ってあげたり、自分の持っているノウハウを誰にでも教えてあげたり、販売シーンで顧客がライバル会社の商品を望んでいれば決して自分の商品を押し付けようとしないようにしたり、そういう仕事の仕方をする人をギバーと呼びます。自分の成績を優先していれば、なかなかできないことですね。

さて、アメリカでは、職場の人的評価で、テイカーとギバーとされるそれぞれの人の仕事の仕方を長年追ってみるという調査がされたそうです。

実施したのは組織心理学者であるペンシルベニア大学のアダム・グラント教授です。さまざまな職種に就く何千人もの人たちを追跡調査して、その内容を著書『ＧＩＶＥ＆ＴＡＫＥ「与える人」こそ成功する時代』で発表しています。

それによると、不思議なことに最も優れたビジネスマンは、圧倒的にギバーであったというのです。つまり、相手のために時間を使い、自分の利益を優先しない人の方が結果的にビジネスでも成功しているというのです。

これは、例えば地方デパートで顧客と向き合うデパートマンの仕事の在り方についても、非常に示唆に富んだものといえます。

地方デパートは、人口減少・高齢化による来店客の減少、ネット販売への移行などで絶滅の瀬戸際に立たされています。地方デパートがこれからも存続していくためには、顧客と相扶ける関係になることが不可欠です。そのための心得は、自分が無駄だと思うことを率先して行うこと、つまり顧客に向けた心配りと思いやりです。その気持ちの発揚の形は、顧客に対して自分がギバーとして出来ることをさせてもらうことです。

多くのビジネスマンは、ギバーになることのリスクを多かれ少なかれ感じているはずです。その一方で、誰でも一度や二度はギバーという立ち位置で顧客と向き合ったことがあると思います。そして、その時一定の幸福感や安堵感も得られたのではないでしょうか。

ギバーになるという勇気を持ちましょう。顧客だけではなく、自らの心も豊かに、穏やかになり、お互いにとって心地よい時間が生まれることでしょう。顧客は必ずそうした人に対してコミュニケーションを求めてくるはずです。そして、それは相扶ける関係の確かな構築へと繋がるでしょう。

ムダは選挙にふさわしい

国政選挙でも投票率は50％そこそこの時代が続いています。

誰が当選しても同じ。自分が投票してもしなくても、ひとかけらの影響もない。選挙に行くだけ時間の無駄……。選挙に行かない理由を挙げればきりがありませんが、要するに有権者としては自分の考える合理的生き方に照らすと、行く根拠がない、ということになるのでしょう。

一方で、投票に行かせようとする立場の行政（本当はどうだか分からないところもありますが）は、選挙に行ってこそ社会人としての務めを果せる、一人一人の投票が政治を良くする、などと正論を唱えていますが、こちらも概念ばかりで、国民の心情に訴えるというよりも、合理的な建前論になってしまっているようです。

つまり、行政と国民の双方が合理的な思考に囚われていることで、国民の選挙への参加が消極的な選択肢へと押しやられているのです。

ならばここは、無駄だからこそ選挙に行ってみる、という思考にした方が良さそうです。

確かに、自分の一票は選挙結果に何の影響も及ぼさないかもしれません。だからこそ、その無駄なことをしようではありませんか。

どうせ無駄な一票と考えれば、気楽な気持ちで投票できるのではありませんか。せっかく立候補をした人たちのために、無駄な時間を使って一票を入れに行ってあげようではありませんか。ボランティアで投票所の運営に係わっている地域の方々に、行って感謝の言葉をかけてあげようではありませんか。

それで喜んでもらおうとか、何らかの反応を期待するわけではありません。誰が当選したとか、落選したとかにも別に関心を持つ必要もないのです。

選挙のために尽力している人たちに思いやりをもつ、というささやかな努力をするだけのことです。

無駄な時間を使って選挙に参加する。

この気持ちを皆が持てば、結果的に選挙結果にも面白いことが起きるのではないでしょうか。

それこそがムダの効用では。

思いやりの反対は無関心

フランスの大統領を務めたミッテランが大衆への呼びかけで、こんなことを言っていたようです。

「大切なのは勇気ではなく、無関心でないこと」

マザーテレサは

「愛の反対は憎しみではなく無関心だ」

とも言っています。

無関心の意味を紐解くと、「そのことに関心がないこと。気にもかけないこと」とあります。この解釈だけを見ると、別にそれほど悪いこととは思えません。

けれど、表面的には悪くないことの方が、実は深刻なこともあるのです。ここでは「気にもかけない」というところに、心の暗さが潜んでいるように感じます。人と人とのコミュニケーションにおいて、相手のことを気にもかけないということは、最も危険なことだと思うからです。

筆者の解釈では、なぜ気にもかけないのかというと、その相手とかかわっても自分にとって利益がないと判断したからにほかなりません。

無関心であることは別に相手に悪いことをしたわけではないと、軽く考えているのかもしれませんが、相手にとっては自分のことを「とるに足らない存在」といわれているのと同じことなのです。それでは相手との関係において共感も対立もない、もちろん感謝もない世界に陥ってしまう危険があるのです。

人々の行動にこうした弊害が生まれてきたのは、資本主義にしろ、社会主義にしろ、生産性のない活動を否定してきたツケと言わねばなりません。人々の営みの中に、合理主義的思想が深く根を張ってしまっているのです。

無関心をいかに変えていけるかは、人の心の中に巣くった利益優先の概念を辛抱強く消していくことができるかどうかにかかっています。無駄だと思っていることを意識して敢えて行う勇気が、日々のコミュニケーションの中で問われるのです。

その意味でいうと、ミッテランの言葉は「勇気をもって、関心を持つことが大切」ということになるのではないでしょうか。

大事なのは、相手と言葉を上手に交わすかどうかということではありません。相手の立場を誠実に意識して、それに対して自分は合理的思想に囚われずに行動していく、ということです。

相手の立場を尊重し敢えて何もしない、ということもあるでしょうし、過剰なくらいかかわるということもあるでしょう。

自分にとって無駄なことを相手のために進んで行うという、その思想からは「無関心」とは対極にある言葉「思いやり」が、くっきりと浮かんでくるのではないでしょうか。

もったいないとムダ

日本には〝もったいない〟という価値観があります。それと〝無駄をする〟ということは矛盾した概念といえるでしょう。〝もったいない〟は、「そのものの値打ちが生かされず、無駄になるのが惜しい」（『広辞苑』）と説明されており、無駄をすることとは相反する考え方です。しかし、コミュニケーションにおいては、〝もったいない〟と感じる気持ちを脇に置いてでも〝無駄〟なことをする場合があるようです。

たとえば、もう着ることもないかも知れないけれど、何かで使うかもしれないと仕舞ってある服があったとします。友達がその服を欲しがっていることを知った時、それをあげるかどうかを考えてみましょう。

自分がこの先この服を使うかどうかという観点でしか考えない場合は、〝もったいない〟から取っておくことが合理的な判断になります。けれども、相手の気持ちを優先して考えれば、相手に服をあげることもあるでしょう。

コミュニケーションの場が生じると、人の行動にも変化が生じるのです。

これはモノではなく、何かをしてあげるという無形のサービスの場合でも同じです。〝もったいない〟は時間の消費などにも当てはまるからです。

休日の朝、町内でゴミ拾いをするので参加しなければなりません。自分としては休みなので寝坊をしたい。自分にとってこの時間はとても大切であり、早起きするのは〝もったいない〟と思っている。しかし、社会のための小さな一助として早く起きてゴミ拾いに参加する。町内のコミュニティの結束のために協力するのも大事なことだからです。

ゴミ拾いへの参加は、自分にとっては〝無駄〟な時間だと思っても、それはコミュニケーションを大切にするムダなのです。

つまり、思いやりが、自己の中では〝もったいない〟と対立していた〝無駄〟を人のための〝ムダ〟に変化させたのです。

会計事務所にもムダが必要

初めてコンピューターが導入されてからこの50年間で、会計事務所の仕事は大きく変化しました。仕事の主体ともいえる帳簿の作成は、多くの事業者が自分で出来るようになり、いわゆる「自動化」ならぬ「自計化」されてきました。

一方、会計事務所においても、手作りしていた帳簿は、すべてコンピューターで処理され、作成する時間は大幅に短縮されました。作成に伴う検算や間違えていた場合の修正が瞬く間に完了することは驚くべきことであり、最終的な成果物である確定申告書や決算書は、手書きや手動印刷で作っていた時と比べたら桁違いの速さで、しかも正確に作られるようになりました。

顧客から受け取る業務報酬も、いちいち集金に行く必要もなく、振込みやオンライン決済になったことで人的負担は激減しました。つまり、半世紀前の会計事務所の仕事に比べると70~80％程度は負担が減ったのではないでしょうか。

このまま同じことをやっていたら、いずれ近い将来、会計事務所はＡＩに取って代わられ絶滅業種になる、という予測もあります。それを避けるために会計事務所では、顧問先の財務分析や経営分析を詳細にしたり、給与計算や社会保険など付加価値業務を増やしたりして、顧客のニーズに応えようと努力をしていますが、その多くはおそらくＡＩができる仕事なのです。

テクノロジーが発達し、人間がする作業が大幅に減ったからといって、単純に仕事が減ったとはいえません。さらにいえば、働く人は楽にはならない、というジレンマがあります。

たとえば、手製で元帳（会計帳簿）を作るという作業は、絶対的な時間を要します。集金をすることも、往復する時間、時には顧客に待たされるという時間も生じます。つまり、その仕事をする

ことで一定の目に見える生産性と客観的労苦が生じます。そうした仕事をしていた当事者には、作業に向き合ったことでの達成感や顧客との関係において生まれたささやかな自己実現があったわけです。

しかし、現在の付加価値業務の多くは、それを可視化できないきらいがあります。つまり、仕事の時間が多少減ったり、身体を使うことは少なくなったりしても、精神的負荷は大きくなり、やりがいも感じられない。その上、将来を考えてみると、かなり不透明……というわけです。

テクノロジーが進歩して、合理的に仕事をしていく形の完成度が高まっても、資本主義社会では働く生身の人間が守られることにはならないということです。だからこそ、いかに非合理的な生き方に活路を見いだすことができるかが重要になっていきます。

そこでの、答えはコミュニケーションです。顧客と単なる会計業務委託の関係を超えた人間関係をつくることです。そのために、会計事務所の所員は日頃から本を読み、さまざまな文化に触れるなど、自己研鑽をすることが肝要です。あるいは、公益活動に積極的に参加することもプラスとなるでしょう。

まさに、小さなムダを重ねることで、自己の人間力が増していきます。いつしか自分と顧客との間に豊かなコミュニケーションが生まれ、それこそが顧客と信頼関係を築く礎となるのです。

会計事務所の仕事は、一見合理的な仕事に見えるかもしれませんが、実は極めて非合理的な側面を持っています。それは、良い仕事をするためには顧客と信頼関係を築くことが不可欠であり、そのためにはムダを続ける勇気が常に求められるのです。

信頼されるムダ心ある弁護士

21世紀初頭に司法制度改革が行われ、司法試験合格者は大幅に増えました。弁護士の数は毎年増加し続け、4万人を大きく超えています。ただ、弁護士の増加はあっても、民事訴訟はむしろ減少しているのが実情です。

というのも、訴訟にはお金も時間もかかる、弁護士に頼むにも知り合いの弁護士もいないし、勝訴したとしても賠償額は少額なので費用倒れになってしまう……などなど。要するに、形は整ったのに実際にはうまく運用されていないのです。

個人間の問題は増え続けているのに、なぜ民事訴訟がもっと身近なものになり、弁護士との付き合いが一般の人にも当たり前にならないのでしょう。

誰かとの間で何らかの問題が起こった時、金銭をもらってその交渉の代理人になれるのは弁護士に限られます。その人にとっての深刻な相談ごとを弁護士に任せることになるわけです。弁護士に相談するのは基本的には争いごとであり、裁判に発展することとも多くあります。

その際、依頼者が最も信頼できるのは、強い弁護士、勝てる弁護士というより、依頼者の立場に立ち、思いやりをもってくれる人でしょう。

それは、依頼人のために無駄なことをしてくれる弁護士ということになるわけですが、弁護士となった人は、資格を取得するために猛勉強をして、法律的考え方に縛られているためか、合理的思考の人が圧倒的に多いのではないでしょうか。しかし、多くの場合問題の当事者は、何よりも心の安寧を求めているのです。

慣れない争いごとでストレスは募るし、いつ終わるか分からないなど、不安も多いのです。けれども、依頼者の心の中やその周辺の人間関係についてまで配慮することなく、事案の解決だけに目を向ける弁護士が少なくないように思います。

「あなたの気持ちも分かるが、合理的に考えれば、そんなことは主張できませんよ」
「周りの人はあなたがそんなことをしたら、理解してくれないですよ」
というようなことを弁護士から言われ、戸惑うことも少なくありません。

言い方を変えれば、机上の論理を押し付けられ、依頼人は閉口してしまうわけです。争いごとに勝つことよりも、まずは弁護士に依頼することによって、自分の抱えているものの重さ、辛さから解放されたいというのが依頼者の本音なのです。にもかかわらず、弁護士にあれこれ指示され、むしろストレスが増すこともあるのです。

依頼者が持っているこうしたモヤモヤを考慮せず、自分にとってリスクなく楽に仕事をすることを優先すれば、弁護士の仕事はますます合理的になるでしょう。気のせいでしょうか、近頃は、人権派弁護士という言葉もあまり聞かなくなったような気もします。メールを駆使することで人と接することをどんどん減らしている弁護士も多くなっています。

弁護士が依頼された事件をただのモノと考えず、事案の考察とは別の角度で、徹底して無駄をする心で依頼者に対応してくれるならば、これほど信頼され、かつ尊敬される仕事はないと思うのですが。

第四章　資本主義からの脱出

資本主義にムダを加えよう

コンシャスキャピタリズム（思いやり資本主義）を提唱する米国オーガニック食品会社ホールフーズのCEOジョン・マッキー氏らが著した『世界でいちばん大切にしたい会社―コンシャス・カンパニー』は、既存の株主資本主義の在り方を根本から叩き潰そうという野心的な本です。

その中で、コンシャスキャピタリズムについて、「すべてのステークホルダーの利益を統合する。ビジネスは社会の一部であり、社会は地球の一部であると認識している」と述べています。

コンシャスとは「意識する」とか「気づく」という意味ですが、株主だけでなく従業員を始めとして顧客、取引先、地域、更には目に見えない誰かまで、すべてのステークホルダーを気にかけた経営をするということでしょう。

企業は株主の利益を最優先に考え、そのための行動をしなければならないという、従来から幅を利かせている株主資本主義の考え方をはっきり否定しているのです。そうした理念を掲げた会社の多くが業績を向上させ、もちろん株主にも利益をもたらしています。つまり、資本主義の枠内で思いやりの実践が成功しているのです。

具体的には、企業の第一の利益関係者である社員に対して、ストレスなく仕事ができるように最大限の配慮をします。出産や子育てについても、家庭の負担が少なくなるような態勢を用意します。当然、顧客に対しても道徳的意識をもって接します。消費者を、何かを売りつける相手ではなく、奉仕されるために存在する人間と位置付けるのです。

そうした思考は、すべての人の人生を幸せにすること、つまり公益事業を行なうという理念に帰結するのです。コンシャスキャピタリズムとは精神であって戦術ではないのです。その精神の根底には、常に思いやりの泉が湧いているのでしょう。

私が、「資本主義にはムダが必要」と考える意義は、まさにその精神に結びつきます。企業という場の中で、相手のために思いやり溢れる行動をしましょう。その結果、事業はより順調に推移し、そこに集うすべての人たちが幸せになるはずです。決して最大限の利益を求めることに血眼にならず、ソコソコの利益であっても満足することが大事です。

経済的利益抜きで相手のために何かをしてあげること、思いやりある行為は、目に見える利益を発生させることはなくても、売り手・買い手の心の中に豊かな満足と幸福感を残します。

資本主義にムダを加える……

この考えこそ、21世紀の社会で人々が共存するための指針なのではないでしょうか。自分に与えられた一期一会の機会に相手のためにムダなことをやり遂げるという視点が企業においても重要なのです。

日本人は見知らぬ人に命を懸ける

漫画家の里中満智子さんが、「台湾の漫画研究者にこう言われた。『日本の漫画のヒーローに世界が感動するのは、自分と関係のない人のために命を懸けるからだ。他の国のヒーローは、国家や友人や家族など自分と関わりのある人のために頑張る』。漫画から国際的な相互理解が深まることは大いにある。」と、新聞のコラムで語っていました。

日本人が非合理的な行動を自然に出来るという特殊性を教えられた気がして、とても嬉しい話でした。

里中満智子さんといえば、その作品は個人の内面を描く恋愛ものから人と社会のありようを追求する大河作品まであり、実に幅の広い作家です。

そういえば、里中さんの漫画にも誰かのためにムダをするという思想は数多く描かれていたように思います。

里中さんは、知人の漫画家が自分の作品の管理がしっかりできていないことを見かねて、代わりに保存作業をしてあげるなど、日常のコミュニケーションでも人のためにムダなことをされているようです。

日本人は、縁を大切にする文化を持っていると思います。縁を大切にするとは、元々縁があったことを起点にその縁を大切にするということにとどまらず、出会った際の一期一会の縁や、出会う前から自らの心の有り様によって新しい縁をつくる活動をすることも含みます。こうした誰かに対する行動は、しばしば非合理なものであり、それ故に豊かなコミュニケーションを生んでいくための要諦であるといえるでしょう。日本人が、さまざまな縁をつくる活動を国民性として育んできたとすれば、これはかけがえのない文化といえます。

ところで、合理的な発想をしている外国の人が、日本人のこうした非合理性を認めてくれることは不思議なことですが、日本の漫画文化がそうした日本人の考えへの共感を誘っているとすれば、漫画の力は恐るべしと言わざるを得ないでしょう。

確かに、漫画は言葉ではなく、具体的な絵によって作者の思いやメッセージを読者に伝えるものであり、概念でしか伝わらない言葉に比べて作者の感性を、より深く読者の心に突き刺す力を持っていると思います。

日本人の持つ目に見えないムダの思想が、漫画という具体的なモノで、世界中の人々に伝わるならばこんなに嬉しいことはありません。

他人《ひと》のコミュニケーションで喜怒哀楽

人は誰かとコミュニケーションをすることで日々を過しています。ということは自分がコミュニケーションをするばかりでなく、職場で、あるいは私生活で、他の人同士がコミュニケーションをしているのを見たり聞いたりもしているわけです。そんなとき、自分には関係のないことだと思いがちですが、これがそうでもないのです。

コミュニケーションをしている人同士が向き合い、非合理的な行動をとっている時、つまり相手の立場を思いやったムダをしている時、見ている人は落ち着いて心穏やかな心持ちになるというのです。

一方、誰かが相手を叱責したり、無礼な振舞いをしているのを見たり、その声を聞いたりしていると、自分に言われているわけではないのに、強いストレスが生じることが実証されています。

ジョージタウン大学のクリスティーン・ポラス准教授は、著書『Ｔｈｉｎｋ

CIVILITY「礼儀正しさ」こそ最強の生存戦略である』の中で、組織内で失礼な行動がされた場合の弊害を詳しく述べています。見ず知らずの人間に無礼な態度をとられた被験者は、そうでない被験者に比べアナグラムのテストの結果が61％低下し、ブレーンストーミングで思いつくアイデアの数も半分以下になったといいます。ちなみにアナグラムテストとはヨーロッパに昔からある言葉遊びのことです。

さらに自分以外の人間への無礼な態度を目にしただけでも、アナグラムのテストの成績は20％、ブレーンストーミングで思いつくアイデアの数も30％減りました。

同書では、マーケティングを専門とするデビー・マシニス教授、ヴァレリー・フォルクス教授とともに「顧客は、無礼な扱いを嫌う」「何より見たくないのは、誰かが粗末に扱われている場面」だということを報告しています。

これは、2人の銀行員の内、一方が一方に対し酷い態度をとっている様子を学生の被験者に見せるという実験でした。酷い態度を目にしなかった被験者の内、約80％は、その銀行のクレジットカードを利用したいと思うと答えたのですが、酷い態度を目にした被験者の内、クレジットカードを使いたいと答えたのは20％にとどまったというのです。

自分の合理性ばかり考えた無礼な態度を見てしまうと、顧客はその企業全体に悪い印象を抱いてしまうのです。

つまり顧客は、誰かを無礼に扱っているのを見せられることで、自分が無礼な扱いをされたのと同じように感じてしまうのです。

当事者でなくても、不愉快なコミュニケーションが起きている場に立ち会うと、その人も心理状態が不安定になったり、他の人に対して似たような行動をしたりする可能性も高まることが実証されたそうです。

逆に、礼儀正しい行動や言動を行う人がいる環境では、そこにいる人も同じように心が豊かになり、コミュニケーションはいっそう良好になるようです。

常に自分のことを優先し合理的にモノを考えようとする人といると、私たちは疲れ、一緒に居たくなくなります。こちらに対する思いやりが欠けているのだから当然でしょう。

人のためにするムダが大切であるという理由は、まさにこれです。

相手のことを思いやって自分のことを二の次にして行動すれば、自意識においては無駄を感じるものです。しかし、それを見た第三者は温かい心持ちになります。ここにコミュニケーションの真髄があります。一期一会を大切に、ムダを心掛けてほしいと思います。

〝思いやり資本主義〟の提唱

常に利益を上げることを目的としている資本主義社会が続いてきましたが、21世紀も四半世紀が過ぎようとし、資本主義の新しい在り方が取り沙汰されています。

例えば〝思いやり資本主義〟〝思慮深き（コンシャス）資本主義〟などと呼ばれている、人の心を大切にすることを主体的に考えようという動きがあります。具体的にいうと、企業は株主など投資家のみに福利をもたらすのではなく、従業員やその家族、取引先、顧客、更には地域の人々も含めて、企業を取り巻く不特定多数の人の福利を考えようという動きです。

わが国では江戸の昔から篤志家や人格者が、自らの資産を投じて地域の人のために社会事業を行っていました。21世紀の今になって、昔のやり方を真剣に取り入れようとしていることは不思議な気がします。

株主資本主義の論理の下、企業がその利益を社会のために投じるということはやってはいけないこととされてきたために、社会には大きな歪みが生じてしまいました。自然人と違い半永久的に存続できる法人が、政策的にさまざまな優遇措置を受け巨額の利益を上げながら、投資もせず、社会還元もせず内部留保を抱え込む。これは、社会全体にとって大きなマイナスです。

日本政府が中小企業投資促進税制なるものを打ち出して、従業員を増やし給料を多く支払う企業に減税策を講じていることなどは、ようやく問題点に気付いたということなのでしょう。しかし、こうした措置も常に経済合理性だけを根拠にして考えるから施策は限定され、効果はあまり期待できないのです。

純粋に「社会のため」として行う政策、いい換えれば、不特定多数の人々の幸せに直結する施策を講じ、企業に是非もなく内部留保を放出させる流れをつくる必要があります。環境保全、自然保護、貧困層への支援など、国が公益活動と認定した事業を示し、そこに企業がストレートに寄付する土壌をつくるべきなのです。

企業にとっては見返りが約束されていない非合理的活動ですが、そういう形をとってこそ、寄付をする企業は社会の信頼を得てより成長し、企業を取り巻く環境も豊かになっていくのではないでしょうか。寄付は自分にとっては得にならない無駄な行為だからこそ、合理性の権化たる企業に勧めたいのです。

すでに、世界の大企業では不特定多数の人々、特に地域の人たちや従業員に対して、徹底的に公益的サービスを提供しているところも現れています。結果的に、そうした企業は総じて事業自体も順調に進んでいるようです。

かくいう私も、日常のコミュニケーションを始め、人を基本に捉えた社会的活動についてはムダと思うことを積極的に行うことを信念としています。それが他人《ひと》のためになることであり、思いやりある生き方であると信じているからです。

企業といえども、いや、巨額な資産を持っている企業だからこそ、合理性を排して、寄付という非合理的な活動をすることで、不特定多数の人々とかけがえのないコミュニケーションを築いて欲しい。それが、まさに新しい資本主義なのであります。

ムダがたっぷり必要な結婚

結婚も離婚も一つの行事であり、戸籍に二人の名前を入れたり、外したりするという手続きの面では極めて合理的な行為といえましょう。しかし、他人同士が結びつき、一緒に暮らしたり離れたりすることは、お互いの感情が第一に優先される問題であり、その感情が生じる心は、極めて非合理的な動きをしてしまうのです。ここでは、結婚について考えてみましょう。

相手の年収や地位、さらに家庭環境の良し悪しを優先させる合理的思考は、結婚を考える人にとって決断を鈍らせる大きな障害になっているのではないでしょうか。

恋愛をする場が少なくなっている現代社会では、結婚に向かうアプローチにおいて合理性が優先されているようで非常に心配です。そもそも、男女が巡り合うことに、合理的な理由はなく、恋愛は非日常的で非合理的な行動こそ最も重要な原動力となります。合理屈で「こうやって、こうする」とシミュレーションして上手くいくものではありません。

しかし、街中で知らない相手に声をかけることなどはもちろん、同じ会社で働いていても別の職場にいる相手にアプローチをかけることなども、合理的に考えるとしづらいものです。道徳的に良くないことであるかのような風潮もあります。合理的に考えると、自分が傷つくかもしれないとか、周りから否定的にみられるのではないかなど、行動を抑制する要素ばかり頭に浮かんでしまうのです。

昔からあるお見合いという方法は、仲人という第三者が、両者の家族、収入、職業など、釣り合いを考えて引き合わせるという最も合理的な結びつきであったはずですが、これも皮肉なことに人間関係が合理的になっていくに従い、反比例していくように衰えてしまいました。

そこで言いたいのです。結婚を考える若い人たちのために、社会が非合理的な行動を温かく見守っていく環境を設けることが、いよいよ必要なのではないでしょうか。

少子化対策という合理的政策を実らせるためにも、ここにもムダの思考が必要とされているようです。

デパートはコミュニケーションの大切さを伝えてほしい

日常の生活の中で、資本主義が浸透しているできごとはいろいろあります。ペットボトルの栓が異常に固く、利き手で踏ん張ってようやく開けることができるジュース。風邪で具合が悪い時、薬局で購入した薬の効能書きを読もうとしても字が小さく、さらに色が薄くて容易に読めない。そして、毎日テレビやビデオのリモコンを使う際、押すボタンが多すぎて、いつまで経っても必要な操作の半分もマスターできない……いずれも利用者の側に立ったサービスの提供が十分になされているとはいえません。

別の角度からの話もしましょう。レストランでハンバーグを注文したところ、付け合せにグリンピースがついていた。サラダを頼んだらカリフラワーが入っていた。久しぶりに味の記憶が甦り、また家でも食べようと後日、デパートやスーパーの食品売場で探して、いくつかの店を回っても売っていない。

さらに、続けます。筆者は横浜中華街の近くが仕事場なので、ランチを食べに行くのですが、夏に冷やし中華を食べたくて注文しても「食べる人が少ないから止めました」

という素っ気ない切り返しをされ、「手間がかかるだけで儲からないのよ」と追い打ちをかけられてしまう。

実際にメニューとして置いている店の方が少数派です。いくら冷やし中華が日本発とはいえ、以前はどこの中華料理店でも扱っていました。


モノのサービスが行き届かないこと、さらにモノ自体がなくなっていくこと、ここに共通しているのはモノ自体の使用価値が軽んじられ、交換価値ばかり優先される資本主義による包摂《ほうせつ》が進んだ結果であるということです。

利用者・消費者が本当に望んでいることに製造者・供給者の側は無関心で、かつ気付いていていないのです。そして、利用者の側から声を上げることができない仕組みになっています。積極的に製造者に連絡を取ろうとしても、電話はＡＩが対応し、担当者に行きつくのには大きな苦労があります。多くの場合、一つのクレームに過ぎないと見做されてしまうのです。

通信がこれだけ発達しているにもかかわらず、コミュニケーションを円滑に取るシステムは、極めて不完全のまま放置されているのです。かくして、利用者は本当の使用価値を持つモノから遠ざけられてしまう時代が進んでいくのです。

交換価値のあるモノを多数扱うデパートも、資本主義に翻弄された存在です。モノが余り、多くの人々が使用価値を求める場として重要ではなくなった結果、多くのデパートは判断を誤りました。高級なブランド品の品ばかり揃え、富裕層へターゲットを絞りました。一般の人が気軽に購入できる価格帯で少しおしゃれな商品は、利益が薄いという理由で店頭から姿を消しました。買い物を広く楽しむための「場」として設えた文化イベントや親子の交流ができる屋上施設も縮小の一途をたどりました。資本主義の合理性に沿って、徹底した利益追求に向ってしまったのです。

さらに、情報が多くの価値をつくっていく時代にもかかわらず、デパートは自ら発信することを怠りました。皮肉なことに最大の発信は、閉店を告げるフィナーレでの一時《ひととき》です。

閉店を惜しんで多くの人々が再びデパートに足を運びます。シャッターが閉じるその時、感動の場面が訪れ、人々が心を動かされるのはなぜでしょう。

それは、コミュニケーションの場としてのデパートの価値に気付く時だったからではないでしょうか。だからこそ、現在、頑張っているデパートは、なによりもコミュニケーションを業として、積極的に地域の人たちに働きかける努力をして欲しいのです。

身近なデパートがコミュニケーションのお手本を示すことで、地域の日常の場におけるさまざまな営みも変っていくことを期待したいですね。

顧客とのコミュニケーションを拒む事業者

電子メールやLINEなど、一昔前と比べると、コミュニケーションをとるための手段は格段に進化しています。その一方で、非常に悲しいことですが、事業者と利用者の関係をみた時、利用者は事業者に対してコミュニケーションを取ることが非常に難しい状況になっています。それは利用者に容易にコミュニケーションをとらせない手法が、事業者の側で合理的に進められているからです。

たとえば、利用者が電話で問い合わせやクレームをしようとすると、多くの事業会社は直接人間が応対することを拒み、自動音声により対応するようになっています。その際、まず「このやりとりは、録音されています」と付け加え、プレッシャーをかけてきます。

利用者は音声メッセージに従って目的の部署に繋げようと努力をします。いくつもある選択肢の中から番号を選ぶよう指示を受け、言われたとおりにさせられます。3回、4回と注文をつけられるケースも少なくなく、宮沢賢治の短編「注文の多い料理店」が頭をよぎります。

やっと目的の部署にたどり着いたところで、「電話が込み合っているので、しばらくお待ちください」というメッセージが流れます。そこで、2分、3分待たされることも当然のこととされてしまうのです。

その時点で、「もういいや」と諦めることも1度や2度ではありません。ようやく繋がっても、実は別の部署の案件だとあっさり切り捨てられて、また最初から、この延々たる電話をかけ直させられることもあります。あるいは、その部署の案件であっても一度では用が足りず、またかけ直すとなれば、同じ労苦を繰り返さなければなりません。

わざわざ利用者が電話をかけるのは、多くの場合、事業者側の商品やサービスに問題があるからです。にもかかわらず、利用者がこうした負担を強いられるのです。要する

に、事業者は手間、リスク、ストレス、すべてにおいて徹底して合理的に自分たちの負担を減らすことを考えているわけですが、裏を返せば利用者は理不尽極まりない不当な扱いを受けることになるのです。まさに、資本主義の横暴を示す象徴的な場面です。
社外の人に応対する最初の窓口を機械任せにしてしまうことに、今の社会の病巣が浮き彫りになっているようです。

事業者の側は、自らの立場で儲かることに全力投球し、利益にならないことはそぎ落としていくわけであり、彼らにとって利用者とは、一度は利益を収奪した相手であり、もう使い捨ての対象なのです。このような対応をとることを前提として、ホームページに電話番号を明記しない会社が圧倒的に増えています。事業者自らがコミュニケーションを遮断するような状況に、どうして利用者が反乱を起こさないのか不思議なくらいです。ここには思いやり資本主義の理念は全く見えて来ません。

こうした現象を最も身近に感じるのは、たとえばＪＲ東日本の対応です。国鉄の頃からＪＲは、顧客からの電話問い合わせを一切受け付けていませんでした。それは、今も変っていません。さらに、民営化によって資本主義経済の中にさらされたことで、自社の利益追求の形は極めて露骨になっているようです。

ラッシュ時に歩行が困難になることが明白なのに、駅ナカにレストランやショップをどんどん詰め込んでいく。一方で、儲からない駅の売店は最小限の時間しか開けず、車内販売を廃止する。駅のごみ箱を徹底的に排除する。売るだけ売って、ゴミの処分には無関心なのです。

儲かるものは徹底的に売り込む一方、自分たちの合理性に合致しないことは利用者の負担にしてしまう手法は、多くの事業者と同じ視点です。利用者の利便性には無関心なのです。赤字路線廃止など、堂々と公共事業としての矜持を放棄している点を見ても、もはや仕方のないことなのかもしれません。

さて、土日の配達中止をはじめ郵便局のサービスの低下が著しいことに、多くの人々が不満を示しています。

民営化ということが、決して利用者のためにはならないことを、気持ちが悪い程これらの企業は示しています。

飲食店のお国文化

横浜にある中華料理店は、中国人が経営している店が多く、店の前を歩いていると、大きな声で客引きをしている女性たちによく出くわします。入店を誘うそのアピールは強烈で、初めて訪れる人は驚くかもしれません。

早口で注文を取ると、その後、客と無駄話は一切せず、こちらが一言二言、余計な話をしても、けんもほろろといった具合です。料理を運んでくる際も「どうぞお召し上がり下さい」といった余韻はなく、ペットに餌をやるような調子でサッサと置いて立ち去っていきます。

「水をください」「ごはんのお代りを」というこちらの呼びかけにも、けだるそうに来て、ほとんど無言で対応するというのが普通です。

さて会計となると、まともなレジスターもないような店でも、こちらを「帳場のような所」まで呼び寄せます。テーブルに来て精算をするということは考えないようです。「美味しかったよ」の一言にも無表情で、軽く頷く程度でもしてくれれば良い方です。

退店時には、これも早口で「ありあとーました」と一言、発声してくれるくらいはあっても、繰り返し言うことはありません。

むろん、中華街の大店《おおだな》は全く異なるサービスを展開していますが、20席くらいまでの店では、こうしたサービスが珍しくありません。さて、味はどうなのかといえば、ここがポイントなのですが、接客のレベルと味との関連性は全くありません。

私たちは中国人の店だと受け止めているので、接客の非常識さはあまり気になりません。味が良ければ、そうした扱いをされても大抵の人は通います。しかし、もしこれが日本人の店だったら、多少美味しくても次は行かないだろうと思います。日本人がそういう接客をしているのであれば、居心地の悪い店と感じてしまうからです。そもそも日本の飲食店の場合、そうした店は味も良くないということになるから不思議です。

中国人からみれば、こうした接客習慣はごく当たり前の合理的なコミュニケーションと考えているのでしょう。

日本人の飲食店とのこうした違いは、どこから来ているのだろうか……ふと考えてみました。

まず人のために無駄をするという考え方や習慣が、中国人にはあまり無いのだろうということは推測出来ます。つまり、中国人の接客は合理性を優先しており、一度《ひとたび》入店させてしまえばそのお客さんに対するサービスは、注文した料理を出すことにつきると考えているのではないでしょうか。それ以外のサービスについては、ペイがないのだから無駄な接客をする理由がないわけです。

ひるがえって日本人の店は、小規模な店であっても料理だけでなく接客や店の環境整備なども含め、総合的なサービスを対価の要素と考える傾向があります。私たちも、日本人が運営している店ならそうあるものと思い込んでおり、普段、その理由など考えることもありません。けれど改めて異国の方々の合理的なやり方と比較してみると、その違いは歴然たるものがあり、大変印象的です。

ではなぜ日本人の店はそんな風に考え、そのように対応するのでしょうか。日本人は知っている人、見知らぬ人に関係なく、相手のために無駄なことをするという習慣があるのだと思います。シャイでそういう行動をとらない人でも、そうしたくなる性質は潜在的に持っているようです。

古くから日本人に備わっている「人のためのムダ」「世のためのムダ」といった概念というか感覚というか、そんな気質が日中料理店の違いとなって表れるのではないでしょうか。

もちろん、この見方は多分に私の主観が入っていると思いますので、決して普遍的なものではないとお断りしておきます。

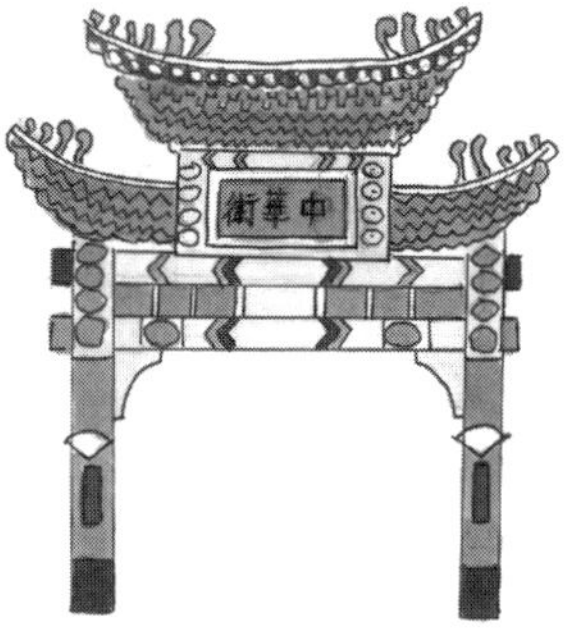

人が奏でる楽器と電子楽器

人が演奏する楽器というものは、歴史的に誕生した時期はさまざまですが、それこそ文明の発祥と共に生まれ人類と共に歩んできました。それに対し、キーボード、エレキギター、シンセサイザーなど電子楽器は誕生してから数十年の歴史しかないけれど、音楽シーンのほとんどの場面で大きな役割を務めています。

電子楽器にしても人が操作して、さまざまなリズムや曲目を奏でることに変わりはありません。従来の楽器との大きな違いは、演奏者の個性によって音色の違いをどのくらい出せるかどうかという点です。

従来の楽器は演奏者の技術・経験・感性によって音色に大きな違いがあらわれ、音そのものでさえ出来映えが全く異なりますが、電子楽器は誰が操作してもほとんど同じ音色になり、演奏者のオリジナリティはそれほど活かされません。

また、従来からある伝統的な楽器は、それぞれが独特な風合いの響きを醸し出し、加えて演奏者の技と感性によって実にさまざまな音色の興趣を味わわせてくれます。

さて、ハープやチェロなど大きな楽器は持ち運びの苦労から始まり、演奏する場所、一緒に演奏できる楽器との相性など、一つのシンセサイザーで演奏することと比べれば、その合理性は何分の一、何十分の一かもしれません。にもかかわらず、この楽器の演奏を聴くために多くの人が集うのはなぜでしょうか。

ファンはその楽器も好きだけれども、それ以上にその演奏者ならではの音色を聴きたくて会場に足を運ぶのです。つまり、その場で演奏する人を見ながら、その音を聴きたいのです。

演奏者のファンになると、演奏者の生い立ちや人となりまで知りたくなります。それらを通じて、その人の音楽を理屈抜きに味わうのです。楽器の持つ非合理性が色濃く発揮されているといえましょう。


人々は楽曲自体の良し悪しだけではなく、さまざまな非合理の積み重ねの上で、その演者が奏でる楽器の音色を通じて、心の交流を育んでいるのです。つまり、演奏者ごとに聴衆とそれぞれ異なるコミュニケーションが生まれるのです。ここに伝統的な楽器の持つ特殊な、そして、素晴らしい役割が存在しているといえましょう。

豊かなる単純再生産

私たちが資本主義に浸りきっていることを示す客観的な例として、単純再生産という言葉に対するネガティブな感覚があります。中学校の社会科でも、社会が発展していくためには単純再生産では駄目で、活動を重ねるごとに事業が大きくなり利益を増やしていく拡大再生産こそ目指すべき事業の在り方である、と学んだ記憶があります。

単純再生産とは、一つの活動をした結果、資本家が剰余価値を個人的に消費してしまい生産の拡大に向けられなかったことを指し、資本主義の本質である剰余を生んで資本に転化し蓄積するという活動とは相容れないものなのです。

もう一つの概念である縮小再生産は、通常、やればやるだけ赤字になるもので、いつまでも続けられるものではありません。つまり、持続可能な活動というレベルの単純再生産こそ、拡大再生産に対立する概念なのです。社会もそうした風潮を肯定し、単純再生産は無駄なことと断じてきました。しかし、それによって多くの先人が築いてきた歴史的文化や哲学的思考が衰退してしまったことは非常に大きな損失です。

資本主義でいう生産とは、モノを作ったり、誰かの心を豊かにする活動ではなく、あくまで交換価値としてのお金を稼ぐ活動です。

生産という言葉がお金を生むこととイコールになったことが、資本主義の本質です。結果的に私たちは仕事というものを、極めて歪められた価値観でとらえるようになってしまいました。

生産活動の本質たる農業が単純再生産的業種であることから、農村にいた多くの人材が商品として資本家の下で剰余を生む活動に参加させられました。

ホワイトカラー、サービス業といった耳に心地良い言葉で、お金を生むための仕組みが巨大になっていきました。一方で、人のために働くエッセンシャルワーカー（人が日常生活を営むために不可欠な仕事に就く人）の仕事は剰余を生まない単純再生産的業種であるために、そこで働く人々の待遇は低いままです。

国が所有していた通信・郵便・鉄道などのライフラインにかかわる事業は、剰余を生むために民営化され、いかに合理的に経営をするかに邁進しました。その結果、多額の利益を生み出す一方で、採算に合わないという理由で鉄道やバスの路線が廃止され、土日は郵便の配達を止めるなど、利用者である国民にとっての利便性は大きく低下してしまいました。

お金を儲ける仕組みが最優先に整備された金融機関やインターネット関連事業はますます利益を蓄積し、一部の資本家が巨大な富を得ています。お金を生む仕事をする人は豊かになり、人間に必要な仕事をする人は貧しいままです。人のためになる仕事をする人は総じて報われていないのです。

資本主義の論理では価値が無いとされる、単純再生産を前提に進む仕事こそ、実は私たちの生活や文化においては極めて価値があると感じるのは単なる偶然でしょうか。

合理的に利益を上げることを至上命題とする資本主義の考え方を続けていくことが、これからの社会において正しい選択であるとは、いえないのではないかと思うのです。技術革新によって人々が幸せになったことは間違いないでしょう。しかし、それが資本主義と結びついたことで、単純に得られ享受し続けることができたはずの幸せを遠ざけてしまったように感じられるのです。それは現代の日本社会の閉塞感に明確につながっているようです。

だからこそ、私たちは無駄、すなわち利益を得ないムダの活動について真剣に考えなくてはなりません。

今、改めて社会における豊かな単純再生産というものを考えてみる時ではないでしょうか。

他人《ひと》には無駄をさせない

私は、誰かのために〝ムダ〟だと思うことをしようと言い続けていますが、これは誰かに無駄なことをさせようということではありません。自分が積極的にムダなことをするのと、相手に無駄を強いるのとは、別物です。

皆さんは、こんな体験をしたことはありませんか。

取引先のところに伺う際に、お菓子を持っていこうとケーキ屋に行きました。約束の時間もあり、焼き菓子の詰め合わせセットを見て、お店の人に「これをお願いします」とすぐに声を掛けました。20代くらいの女性の店員さんは、他にお客さんもいない店内で、ショーケースを拭いていましたが、作業を一通り終わらせてから、ゆっくりとこちらに来てくれました。

「これですね」と聞きつつ、そのセットは使わず、お店のあちこちに置いてあるお菓子を集めてセットを作っていきます。セットに入れる商品が店頭にないものもあり、お店の奥に取りに行きます。「適当に変えていいですよ」と言っても、金額が変わるからと受け付けてくれません。
セットが出来ると包装に入りますが、デパートなどが行う正式な包み方ではなく、簡単なキャラメル包み（箱に沿って包装紙を折りセロテープでとめる）にも苦戦していま す。更に、紐で括るのも難渋しているようです。包装した後に製造年月日をつけたラベルをいくつも貼っていき、更に店の案内のカードもつけて会計になります。

現金で払おうとすると、タブレット型のレジらしく、いろいろ操作していますが、簡単に入力ができないようです。３８００円だったので、５０００円札を渡すと、カウンターの下に５０００円札をしっかりしまい、それからお釣りを計算します。そして、商品をそのまま渡そうとするので「袋も下さい」とお願いする

と、改めて「袋代5円いただきます」と答え、再度レジを使うことになります。お金を払って、商品を袋に入れてもらい、滞在時間10分で漸く解放されました。他にお客さんがいたらどうなったのやら……。

顧客目線を全く意識していない運営スタイルのお店ですが、別に悪いことをしているわけではありません。ただ、お客さんに無駄な時間を費やさせただけです。

相手に対して〝無駄〟を強いるとはこういうことなのか……と思った次第です。

第五章　一期一会をムダに生きる

道徳に個性あり

人が社会でどう生きていくかを考えた時、道徳というものは、その基本的な指針になるものと考えられます。

例えば、法律は国が秩序を守るためにある時点から始めた決まりであり、一度決まればその法律が改正されない限り、その決まりを守らなければ罰せられるという結果をもたらします。つまり、人は自分の心で善悪を判断するのではなく、客観的に法律を守るための行動をせざるを得ないわけです。

一方、道徳は、自分の心に照らして正しいか正しくないかを観念的に判断するモノであり、その人がその時点で、こうあるべきと考えた方針ともいえます。したがって、自分の考え方が変わったり、自分の置かれた状況が変わることによって道徳的判断は変化することもあります。

つまり、道徳に照らして行動する場合には、その時の自分の主観で判断が行なわれるのであり、客観的に見れば正しくも誤まりにもなる可能性があるわけです。それが、道徳の強みでもあり弱点でもあるのです。

このように形が曖昧な道徳というものを、行政は教育の現場で一つの概念に決めつけようとしています。これでは、その人ごとに、そしてその人の生きていく過程で様々な指針を示すべき道徳が、極めて窮屈な形で子供たちに伝わってしまうのではないでしょうか。

筆者が考えるところの道徳とは、誰もが一律に合理的に教わるものではなく、一人ひとりが自らの体験や学習の中で自然に観念として身につけていくものです。もちろん、道徳の授業の時間に、さまざまな材料を与え、道徳の在り方を考えることは大切です。

しかし、そこで考え、仮に結論が導き出されたとしても、それは一人ひとり異なるものになるでしょうし、また、それで良いのではないでしょうか。個々が、いろいろな道を歩きながら辿り着く。あるいは、道に迷ったとしても歩き続ける。これを続ける習慣をつけるのが、道徳を学ぶということではないのでしょうか。

ストライキが無くなったワケ

令和5年8月31日、西武百貨店池袋店で1日限りのストライキが実施され、デパートは休館しました。数十年ぶりのストライキとして、社会的にも大きな話題となりましたが、労働組合の活動というものが久しぶりに視覚化された事件でした。

半世紀前には、国鉄が年に1度くらいは必ずストライキを実施し、その日は休校になったり、始業時間が遅れたりして、子供心にも労働組合の動きに注目したものでした。

なぜ、労働組合がストライキをしなくなったのかを考えると、資本主義による社会の包摂《ほうせつ》が大きくかかわっています。この50年間、資本主義を体現する市場原理主義は、いかに資本が利益を増やすかに重点を置いて進んできました。利益を上げることが、会社だけでなく組織の構成員たる社員やその家族も豊かにすると信じさせられてきました。

確かに、大きな会社の社員たちの所得は増え、生活水準は向上しました。それと共に労働組合は会社との対立をやめ、むしろ会社の利益を守るための御用組合へと変貌していったのです。

その証左として、本来最も閑職に置かれてしまいかねないはずの労働組合の委員長が会社の要職に就くようになりました。いや、むしろ労働組合の幹部になることが出世コースにもなっていったのです。

社員たちはそれを見て、自分たちの生活がより豊かになるための人事と喜ぶわけですが、経営の側についた人間が資本の論理から逃れられるはずがありません。労働組合の弱点を熟知した元委員長や幹部だった経営者は、経営側の論理を巧みに押し付けていくようになります。

数十年の年月を経て労働組合が弱体化したことで、社員個々の権利を主張する場が会社内から失われていってしまったのです。

確かに、労働者の権利や待遇を守るための法的な形は、過去と比べれば飛躍的に改善しています。その一方で、正規社員に対し非正規の社員の人権は極端に軽視されたままで、その構図を改善することは、ほとんど出来なくなっています。

子育てを理由に退職となった女性たちは、正規社員に戻る道を固く閉ざされており、結果的にその待遇は総じて見直されていないわけです。

また、過度に労働者を守る法律は、多くの中小零細企業にとっては、むしろ足枷になっています。

従業員の自由な権利を尊重しているかのように終身雇用制を狭め、雇用の流動化を行政も後押しする。そして、株主が資本の論理で進める就業環境の破壊……労働組合はこうしたことに歯止めをかける役割も果たせなくなってしまったのです。

西武百貨店のストライキは、資本主義のやり口に大きな侵害を受けてきた社員個人が、それにようやく気付いて立ち上がったということに加えて、地域の歴史文化や環境の保全も視野に入れて進めたという点で大きな意味を持ちます。そして、労働組合にはその役割を担う義務があることを改めて社会に伝えたという点で、特筆すべき歴史的意義があると思います。

デパートには、地域の共有財産としての公益的側面があるので、単に従業員の権利を主張するだけではなく、地域の共通の利益を守るために立ち上がったという点でも有意義です。

資本主義の観点からすると、ストライキは得られるべき利益を放棄する無駄な行為です。そのストライキを労働組合が敢えて行ったということは、今後の企業と労働者との関係にも、大きな影響を与えるのではないでしょうか。

組織はあくまで人のためにあるものです。このままでは、命に限りある人間のためではなく、永遠に存在していく法人組織のために利益を吸い取られ続けてしまうかもしれません。

組織の中の個人が幸せになるために、労働組合の在り方は、改めて大きな分岐点に立ったといえるでしょう。

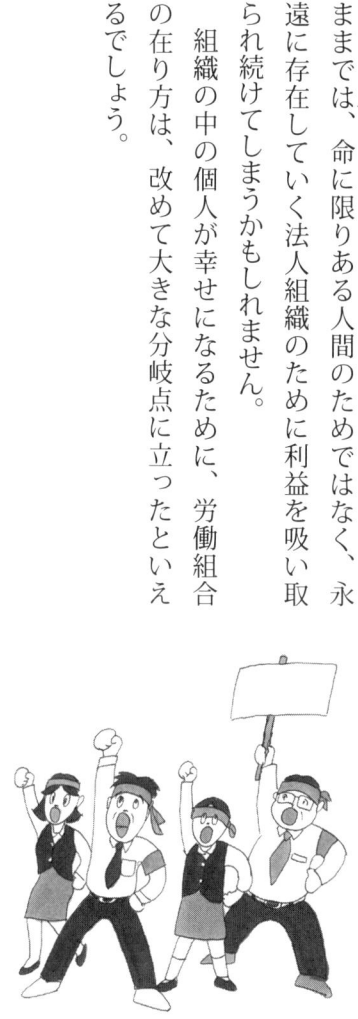

営業 それはムダの心

若い頃から営業の第一線で活躍した金融機関の役員Aさんと話をした時のことです。彼は1日に100枚の名刺を配ることを目標にしてきました。その多くは飛び込み営業であり、話を聞いてもらえることなど、ほとんどありませんでしたが、とにかく続けました。すると、後日必ずいくつかの相談があったのです。その多くは、すぐ営業につながる話ではありませんでしたが、そこは無数の商いの種がある金融機関の業務です。営業マンがやる気を出せば、いくらでも話は拡がっていったわけです。

顧客からボールを投げられたということは、こちらから話をすることに比べれば、コミュニケーションの取り方は断然有利になっているわけです。そうなると、100枚の名刺戦略は決して世間でいうところの無駄ではなかった、というわけです。

とはいえAさん自身も、名刺配りを始めた時は、明らかに非合理的な方法であると考えていました。周りの人も無駄なことをやっていると思ったことでしょう。しかし、合理的概念を取り払って、非合理的な営業をすることに集中できたその時、Aさんの心は解放されたのです。

Aさんの話はまだ続いていました。相談を受けて話をする際も、相手の言っていることに無理に答えようとするより、先ずは真剣に話を聞くことに徹しようと考えたそうです。

初めて会った営業マンに声をかけた顧客の多くは、その若い営業マンが、ベテランのようにいくつもの引き出しを持っているとは思っていません。話ができる相手かどうかを見ようとしていたのです。

相手はAさんが自分と感性が合う人かどうか、もう少し具体的に言えば、話をしていて面白いかどうかを見定めようとしているのです。若く未熟なAさんは、まずは胸襟を開いて、相手の懐に素直に飛び込むしかありません。合理的に自分の都合だけを押しつけたり、相手の求めていることが分かっているような顔をしてはいけません。そもそも、相手はそこまでのレベルを求めていないのですから。

この時、相談の場は、コミュニケーションを拡げる面接の場であり、顧客の洗礼を受けた後で、漸く本当の相談が始まるのです。

こうしたムダな時間を費やすことを経て、営業マンは人と人のつながり方を理解して、営業の仕方を身につけていくことになるのです。

ムダの伝統を守ろう

日本人はムダなことが得意な民族です。文化や生活の中でも風流・余白・わびさびなど、様々な表現で合理性とは相容れないムダな設《しつら》えを心掛けてきました。人間関係でも同様で、相手への思いやりのある行為を無償で行うことを美徳としてきました。

今でも、民生委員や保護司など、地域における彼らの役割は極めて重要であるにもかかわらず、無償で行うことが当然ととらえられています。

ところが、こうしたところにも資本主義的考え方の弊害が色濃く表れてきています。本人にとって合理性のないこと、利益にならないこれらの役職の引き受け手が激減しているのです。

これらの役職を引き受けないことは、法律に触れるわけでもなく責められることではありません。むしろ、至極当り前のことなのかもしれません。

自分にとっては合理的ではないことを、誰かのためにしようという考えが、希薄になりつつあるのが今の日本の社会です。それは、法律に触れることでなければ、どんな形であっても利益を上げさえすれば良いとする資本主義的思考が、私たちの日常に深く入り込んでいるからに他なりません。つまり、法律、あるいは義務として強制されない限りは、利益にならないこと、いやなことは徹底して忌避するという思考です。

利益だけを目的に事業を動かす投資ファンドや、それに臆面もなくお金を貸すメガバンクなどの動きを日常的に見ている内に、そうした光景に不快感を持ちつつも当り前に受け入れてしまい、非合理的に生きようとする意欲は減退してしまったのかもしれません。

身近な例を挙げれば、何年かに一度必ず当番が回って来る自治会の班長などは、年に何回かの会合への出席義務があるくらいでそれほど負担になるものではないのですが、仕事があるという理由で拒否する人も少なくありません。仕事は自分の都合であり、本来は理由になるものではないのです。自分本位の経済的合理性を優先することに何ら疑問を感じなくなっているのです。

一方で、合理的に見える海外の国々では、社会の潤滑油としてキリスト教による寄付や奉仕などの活動が盛んなようです。日本が資本主義に染められてしまったことで、伝統的なムダの精神が少なくなっているとしたら、日本は国際化によって悪いところだけを吸収しているようで悲しくもあります。

日本人の持つ人に対する思いやりは、世界でも秀でたものがあると思います。一人ひとりは、極めて繊細な心を持っているはずです。それを、自然に行動に移せるような環境にしていかなければなりません。

だからこそ、今の無道徳な資本主義に対し、はっきり決別する思考を持たなければならないのです。

読書の醍醐味

私たちは、知識を得たり、未知の世界に触れたりするための最も有効な手段として、本を読んできました。それは誰にとっても極めて日常的な営みでした。しかし、21世紀に入ると、読書が日常生活においても、あまり必要ではないという認識が、多くの人の中に定着しているように感じます。読書は、知識を得るための選択肢としては、他のツールと比べて合理的でないと位置づけられているようです。

インターネットの普及により、手っ取り早く情報が得られるようになったために、情報を得る手段としての本の価値が薄れてしまったようです。インターネットを使えば、一つの言葉を検索することで、自分が知りたいことに関するさまざまな知識を的確にデータ情報で得ることができます。これに慣れてしまえば、本で情報を得ようとすることは、何倍も時間がかかって無駄、すなわち合理的ではないと考えるようになってしまうのでしょう。

若い世代はインタラクティブ（双方向）な文化に染まっており、一方向で文字を読むだけの読書が苦痛になり、本を読んで答を得るという思考法も衰えています。

しかし、読書の最大のメリットは、自分が知らなかった世界と出会うことです。つまり、それまで自分の頭の中になかった発想やモノの見方を本を読むことで発見し、その知識や考え方を吸収することができるのです。

皮肉なことですが、インターネットではすぐに自分が求めるものに到達できるので、意識していないところに寄り道をするチャンスがなく、新しい世界に巡り合う機会は少ないのです。一方、多くの場合、読書は一つの本を集中して理解し、楽しむまで、何ページか我慢して読まなければなりません。つまり、無駄なことを承知で取り組む時間が必要です。

結果として、自分と全く相容れない内容であれば、そこで読書を断念することもあります。一方、読んでいく内に自分の意図しなかった知識に出会ったり、感動が湧いてくることが極めて多いのも読書の魅力なのです。

書店の数が激減し、本の文化を守るために国を挙げて応援体制をつくることも本格化しています。なぜ本を読むことが大切なのか――誰もがこれからも追い続けるテーマです。最後に私の読書への思いを示します。

無駄を承知で受け入れた読書が終った時、かけがえのない出会いの道が開かれていることは無数にあります。

この醍醐味を知っているからこそ、人はムダな読書を続けるのでしょう。

ムダが溢れる寿司屋文化

寿司は、日本のみならず世界でもスシと呼ばれて親しまれ、日本食の筆頭ともいえる存在です。商品の提供の方法、店主の性格、店内環境など、その専門性において特異な存在である寿司屋のカウンターには、さまざまなムダが溢れています。

まず、基本となる店主と客とのやりとりですが、食べたい寿司の値段がいくらなのか分かりません。最終的にお勘定となり、精算されて初めて支払う金額が知らされることになります。つまり、経済的合理性に対して実に鈍感なのです。

食べたい寿司を、いちいち声を出して頼み、板前がそれに応えて握る。その数も、(通常は2個とされる1貫も)この店では1貫は1個なのか2個なのか? 確認しておかないといけないか? などと考えながら、握る様子を見守ります。

そして、自分の前に寿司が提供されると、いちいち軽く頷き、口に放り込み、何らかの感想を言うことも多いようです。まとめて出されて黙って食べる、という通常のレストランの食事と比べると、極めてムダの多い場がつくられているのです。

店主には、おしゃべりもいれば、無口な人もいます。客は店主の個性を尊重して、その場に合った対応を余儀なくされるのですが、多くの場合、その店のコミュニケーションのやり方を積極的に受け入れているのです。

なお、店主とのやりとりに慣れている人は、「お任せ」とひとこと言って後は店主の判断に委ねることも多いようです。まさに、自身の合理性を無にした境地なのです。

一方で、あがり（お茶）の取り替え、ガリ（甘酢生姜）のお代りなど、刻々と生じる事態に素早く対処するためには、当然、店側の配慮が必要で、それについてはどんな店だろうと怠慢は許されません。

店側は、意味のあるムダな時間をかけて、そうした客側の動きに対して常に意識を働かせ続けなければなりません。

店内の環境も、整然としていて、余計な装飾はなく、木肌の柱、白地の壁など、意味あるムダの空間で占められています。さらに、ムダの空間の中に、生け花や日本画などが必ずいくつか置かれ、心地よい心の余白をつくってくれています。つまり、食事をする場として、目一杯のムダを上手に設《しつら》えているのが寿司屋なのです。

寿司が多くの人に愛され、世界中に広がる一方で、こうしたムダと非合理性が溢れている本来の寿司屋が減っていくことに一抹の寂しさを禁じ得ません。

合理性を最重要視した回転寿司と対極にあるムダを根底においた本来の寿司屋。両方が、日本の食文化の頂点に並立したとき、日本人の奥行きの深さを感じることになるでしょう。

電子メールと礼儀と落とし穴

家に居ながらにして瞬時に自分の情報を発信できるという点では、電子メールは凄まじい媒体といえましょう。相手のアドレスさえ分かっていれば、どんな人、つまり、世界の果てにいる人、あるいは、日常生活ではとても口も利いてもらえないような立場の人とも交信できます。

不特定多数の人といつでもコミュニケーションをとることができるようになったことは、21世紀前半の最大の進歩といえるでしょう。その成果を端的に表せば、人と人とが極めて合理的に結びつくことが可能になった、ということになります。

このように電子メールというものは、電話や手紙などと比べて異次元の能力をもっているといえますが、私たちはその弊害についてはあまり意識しないままに活用しているのではないでしょうか。

「光あれば影あり」「好事魔多し」のことわざがあるとおり、犯罪あるいは中傷、プライバシーの侵害などが、それまでとは比べものにならない数に膨れ上がっています。事件には至らないまでも、電子メールにかかわることで誰もが日常的にストレスを感じるようになったことも、大きな社会問題といえましょう。

電子メールの切れ味は、使えば使うだけ自らを傷つけるリスクとなります。コミュニケーションにおいて最も重要な心構えは、礼儀をわきまえて相手と接するということでしょう。ところが、電子メールに頼れば、礼儀を無視して相手にアプローチをかけることができます。メールを打つ際の自分の態勢、場所、時間、身だしなみ、どれもフリーです。相手に合わせなければならないという制約はありません。

そもそもの出発点がラフだから、「礼儀正しく丁寧に」という意識も姿勢も緩いままに接する可能性が高くなります。それはメールの内容にも影響し、自分サイドの合理性が優先されてしまい、相手の立場をおもんぱかるということも不十分になってしまいます。

たとえば、宛名に敬称をつけるという点で考えてみましょう。電話ならば相手を呼び捨てにするということは、意図的でなければあり得ないことです。

手紙にしても、自らの手で書いていく中では、通常起こりようもないでしょう。しかし、電子メールでは、○○様の「様」を付け忘れることは、充分起こり得るのです。しかも、一度、送信してしまえばやり直しはききません。さらに次の電子メールを送る時もコピーをして同じ間違いを繰り返すというようなことも起きかねないのです。

相手に敬称をつけずに送ってしまった電子メールは、発信者のありのままの姿を冷徹にさらけ出します。つまり、「これで送って良し」と、時間をかけて、しっかり確認する配慮を怠ったという印象を、相手に明確に残すのです。

形式的なことについての単なる表記ミスが、電子メールの内容そのものにも重大な影響を及ぼすことは少なくありません。電子メールの持つ利便性という光の裏にある影の怖さです。どれほどていねいな文章で自分の思いを伝えていても、相手の名前を「呼び捨て」では台無しになりかねません。メールを読むのは人間だからです。

電子メールには送信者の声の大小・高低・言い方などは一切表現されないので電話や会って話すことの代わりにはなりえません。また、どれだけ巧みな文章でも、手書きの手紙のように書く人の個性を見せることが難しいのです。

メールを打つ場合には相手のことを精一杯、集中して考えることが大事です。自分にとって無駄だと思う時間をたくさん使う習慣をつけるほかありません。
あるいは、考えた上で、メールをしないという選択をすることもあります。本当にコミュニケーションを取る気なら極力直接会うこと、どうしても会えないならある程度五感に訴えることができる電話を使うことをお勧めします。

電子メールは限りなく合理的であるがゆえに、その取り扱いにはたっぷりと無駄な時間をかけなければ、人間関係はうまくいかないと知ってほしいのです。

相手を讃える

プロ野球のヒーローインタビューでは、その日の勝利に貢献した選手がいわゆるお立ち台に立って、インタビュアーの質問に答えます。選手が自らの好投や殊勲打について言及する時、必ずといってよいほど次のような言葉が出ます。

ピッチャーであれば、「バックが攻守で助けてくれたから、抑えられた」「リリーフがいたので、安心して投げられた」「キャッチャーがヒーロー」。

バッターの場合、「ピッチャーが頑張っていたので」「前のバッターが一本打ってくれたので、気軽に打てた」など。皆、チームメートの助けで、自分が良い結果を出したと言い切るのです。

以前は、贔屓《ひいき》のチームの勝利の余韻に浸り、心地よく聞きながらも「建前ばかり言っているな」と多少鼻白んだこともありました。「プロなのだから、自分が打ったことをもっと胸を張って言えばいい。もっと自己主張をすれば、かっこいいのに」とも思いました。

もちろん、謙遜もあるだろうし、本当はすべて自分の能力に尽きると思っている選手もいるのかもしれません。しかし、最近は、心の底からチームメートのお陰だと思って発言している選手も少なくないのではと思うようになりました。

つまり、合理的にモノを考えず周りを見て、人から受けた恩が今日の自分の成果につながったと信じている選手にとっては、ヒーローインタビューは人へ感謝する場なのではないかと思うのです。彼らは、私たちにコミュニケーションの重要性を伝えてくれているのではないでしょうか。

プロ野球の選手は、一人ひとりが事業主です。自分が打ち、投げて、初めて成果が評価されます。ただし、それができる環境は、その人だけでつくることができるものではありません。ヒーローインタビューでの感謝は、その場では名前を挙げないけれど、自分を支えてくれた多くの人々に向けたものなのです。

そもそもスポーツの本質は、相手を打ち負かした勝者をヒーローとして称えることではありません。スポーツを通じてコミュニケーションの輪を広げることこそ第一義的に大切なことです。

こうした思考は合理的に説明できるものではありませんが、結局そういう精神を持ち続ける選手が真の勝利者になることは間違いないのではないでしょうか。

ヒーローインタビューの場面を清々しく感じるのは、自分の利益が第一という資本主義社会に対して抗《あらが》う人間の温かい心が垣間見えるからかもしれません。

そんなことも思いながら、これからもヒーローインタビューを聞きたいと思います。

ますます光るライブ音楽家

有名な音楽家によるものではなくても街の小ホールで聴くアンサンブルは楽しいものです。テレビや音響機器で聴く音楽とはまるで違う音色に聞こえます。そこには独特の空間があり、「演奏者と聴衆」という人と人との触れ合いの場ができるからではないでしょうか。

音楽は、いつの時代でも人間にとって不可欠な楽しみとされてきていますが、音楽を提供する人、つまり音楽に関わる仕事をする人にとって最も難しい問題は、音がその瞬間だけのものであるということです。

録音技術が進んだことで、一度発せられた音楽は、さまざまな形でその後も楽しむことができるようになりました。しかし、歌手や楽器奏者の芸は、自らが演じるライブでこそ最高の味わいをもたらすものです。まさに、その瞬間の芸が人々を感動させ、結果的に経済的利益を得る源泉にもなるわけです。

これに対して、絵画や彫刻などの造形物は、そのものが劣化したり、消失したりするまではずっと出来上がったままの形であり、同じ価値として評価され続けます。ここには、音楽家の芸とは比べようもない合理性が見受けられます。

一方、音楽家は、どれだけ素晴らしいパフォーマンスをしても、その時に聴いて、観てくれる人がいなければ、感動も経済的利益も生むことができません。その時、演じた芸は、全くの無駄な行為となってしまいます。

ナマの音楽と音楽家の人間としての魅力を鑑賞者に伝えていくには、どうすればよいのか悩ましいかぎりです。

ところが、生成ＡＩの発達によってこれからの時代、多少違った方向が生れるかもしれません。

音楽でも造形物でも、出来上がった作品だけみても、人間が作ったものかどうか分からないというリスクが増えていくことでしょう。

そのような時代だからこそ、ナマの音楽を見たい、聴きたいという欲求が高まっていくのではないかという予感がします。

レコード会社の関係者に聞いた話ですが、最近はライブ市場が拡大しているようです。毎年2割アップで増大していたのが、コロナ禍で2、3年低迷しましたが、また増大し始めたのだそうです。

音楽においては、本物はナマで観るに限るというのが、近い将来、鉄則になるのかもしれません。その時、その人のナマの芸は、一期一会のものとして絶対的価値を持つということです。

人が人を見て感動する。そうした場の在り方が、改めて脚光を浴びるのではないでしょうか。

渋沢栄一のムダの哲学

渋沢栄一は今、日本で最も再評価されている人物の一人でしょう。幕臣を経て明治政府の役人という体制側から民間に移り、日本の産業界を育て上げた巨人といえる人物です。

筆者は若い頃、渋沢のやり方に、「せっかく大きな会社を創ることができたのに、その利益を放り出して去っていくというのは、事業家として随分もったいないことをしているな」という受け取り方をした記憶があります。つまり単純に、地位や名誉にこだわらない清廉な人と解釈していたわけですが、今は少し違うように見ています。

渋沢栄一は、経済と道徳の両立を唱えたことでも知られています。もともと政府の側にあって、汚職が横行していた明治政府の闇の部分を知り尽くしていたからこそ、経済的活動を主命とする企業が官の汚職に簡単に取り込まれてしまうことを案じ、官と距離をおいて自立することができるような民間企業を一つでも多く創っていこう、と考えたのでしょう。

渋沢は、企業とは、公益を担い、数多くの関係者と平等に接していく組織であらねばならないと考えていたようです。経営者自身がその組織の中で恣意性や過剰な影響力を持つことは、自らの考えに矛盾することに渋沢は気づいていたのでしょう。したがって、その企業のフォルムが整えば、創立者である自身は離れていくということを繰り返したのだと思います。

清廉などという感傷的なものではなく、そこには資本主義の大きな弊害を喝破した冷静な目がありました。利益至上主義を排し、従業員・顧客・取引先・地域に配慮し、企業に守るべき倫理・道徳を根付かせることを心掛けたのです。

すべて不特定多数の幸せを求めてのことであり、それは、百姓の身分から幕臣となることを目指した渋沢の、出発点から不変のものでした。

渋沢は生涯にわたり、自己中心の合理的な発想で利益を得るということを目指しませんでした。一期一会、自分にとっては無駄なことを精一杯やり続け、人々のために思いやりある人生を送ろうとしたのではないでしょうか。資本主義における価値をもっとも端的に示す壱万円札の肖像になったのも、定常型（トントン）社会を迎える日本には相応しいことなのかもしれません。

渋沢は後年、物質文明の進化によって精神教育が大きく衰えてきていることを指摘しています。当時すでに、今日《こんにち》の危機を見抜いていたのです。

渋沢によれば、企業は自分のために儲けるのではなく、社会のために儲けるのです。だからこそ、貪欲に利益を追求することを堂々と行ったのです。資本主義を解説する経済学者のように「株主のために儲けることが最大の目的」と臆面なく主張する思想とは、対極にあったのです。企業が正しい道によって利益を得、その利益を公益のために使っていくことを是としました。それが世の中のため、と信じていたのです。

渋沢栄一の思想の先進性は、道徳と利益を両立させることで企業の発展を実現させようとするところにありました。一見対立する二つの概念を両輪として進んで行こうとする考え方です。

株主の利益だけを考えるのではなく、あらゆるステークホルダー、つまり、顧客・社員・取引先・地域住民といった人間、さらに自然や地域環境にも気遣いをしました。まさに道徳を実践したわけです。

目先の合理的思考は排除されますが、長い目で見れば、企業に利益はちゃんと返ってきました。これこそが、株主資本主義に汚染され、公益活動に資産を極力使おうとせず、自社が永遠に続くつもりで利益を抱え込もうとする、今の大企業の経営者に伝えていかなければならない命題です。

渋沢栄一は、経済的利益の獲得を前提にした概念を一蹴し、人は正しい筋道で行動し続けてこそ価値ある生涯を送ることができると言っています。その思想は、合理性を排除し、誰かのためにムダなことを愚直に行い続けよ、と示しているように思えるのです。

ヒトの本性に根差す非合理性

「病気になれば薬を飲み、手術をする」「通勤には徒歩ではなく、電車や車を使う」「朝定刻に起きるために、目覚まし時計を鳴らす」……日常生活の中で私たちは、常に合理的判断をして行動しています。

そうした営みは資本主義の合理性からの観点が顕著であり、まさに庶民の末端まで浸透しています。「インターネットを使って、少しでも安価なものを探す」「自分にとって利益にならない人とは付き合わない」「自分にメリットのないことはやらない」……どれも経済的利益を基準に判断が行われています。

自分本位の行動に、資本主義的価値観が磨きをかけているわけです。しかし、人々が豊かな人生を過ごせるかという観点から見ると、こうした判断基準は極めて危険です。なぜならその判断には自分以外の人、つまり、他者の立場

についてのていねいな気遣いはないからです。

ところで、私たちは単独では生きていくことは出来ません。常に、誰かと接触し、共鳴しあって生きていこうとするのはそのためです。つまり、人間関係というものと切り離して人生は成立しないのです。

さて、人間関係は人間の持つ非合理性によって成立するものであると、私は確信しています。非合理の根底にあるのは相手に対する思いやりです。すなわち、自分本位の合理性を優先させずに、まずは相手のことを考えたコミュニケーションをとることが、良い人間関係を構築するためには何より大切なことなのです。

人は他者との共存の中で、多くの幸せを感じる生き物です。思いやりある行動をすることで、相手が幸せに少しでも近づけば、自分にも必ず豊かな心が芽生えるのはそうした本性《ほんしょう》が元々備わっているからです。相手を思う行動は、決して合理的判断からは生まれてこないのです。この非合理を積極的に意識して行動しようとすることが、無駄だと思うことをしようという思想です。難しい理屈や哲学を突き詰める必要はありません。

言葉のとおり、他人との関係においては、自分にとって無駄だと思うことを敢えて意識して行動していけば良いのです。


人間というものは、死に向って生きています。その中で、縁のあった人々と豊かに人生を送ることができるかどうかということこそ、幸せになるための大きな鍵です。だからこそ、目先の合理性にとらわれず、一期一会を肝に銘じ、相手への思いやりを常に意識してムダなことをやっていきたいのです。

その先には、必ず相扶け合う強固な信頼関係で結ばれた社会が見えて来るはずです。

おわりに

相互扶助と思いやり

資本主義と私たちの生活とが切っても切り離せない関係にある中で、その弊害が様々な形で顕在化しており、多くの人が資本主義についてどうあるべきか悩んでいます。マルクス・ガブリエル氏が日本人に向けて書き下ろした『倫理資本主義の時代』という書では、当代随一の哲学者ならではの視点で、人間と社会との関係を主眼に資本主義を考察しています。

氏は、「資本主義はせいぜい今日の社会経済システムの一つの特徴を示す言葉であり、決して社会全体の特徴を語る言葉ではない。資本主義社会などというものは存在しない」と断じ、「近代の根本的問題はすべて資本主義のせいだと反射的に考える昨今の知的風潮は誤っている」としています。

そして、「倫理資本主義とは、倫理と資本主義を融合させられる」、つまり「道徳的に正しい行動から利益を得る」という考え方だといいます。

当然ながら何でも資本主義の中だけで完結できるわけではないのです。「人間のすることすべてに対価があり、経済的価値判断の対象となるわけではない。——中略——私たちの経済的生活や現実はもっと複雑なものだ。そこには、決して完全に商品化することのできない倫理的、法的、政治的、宗教的、美的価値観など数多くの非資本主義的条件や価値判断が含まれている」という見方は、日常生活を送る上で資本主義の合理性に囚われてはいけない、無駄だと思うことをすることも大切である、という戒めに聞えます。

なぜならば、「人間が他者なしには存在できない社会的動物であることを考えると、私たちの個人的自由の行使は相互扶助のシステムの中において意味をなす」からです。自分本位の合理性を優先し、相手のことを考えないようでは私たちの生活は成立しないと言っているわけです。だからこそ、社会経済システムの一つの特徴にすぎない資本主義というものの悪い部分、つまり、強欲なところばかり追っていてはしょうがないということなのでしょう。

資本主義が、これからも私たちの生活には不可欠であるという前提で、いかに上手に付き合っていくかという氏の提言に深い感銘を受けました。合理性を封印し、倫理や道徳を意識した生き方こそ、結果的に利益をもたらす、そして、それは他人との相互扶助の関係があってこそ達成できるのです。まさに、公益の思想です。それは、私たちが今囚われている資本主義の利益優先の概念からの脱出につながるのではないでしょうか。

マルクス・ガブリエル氏の『倫理資本主義の時代』を読んで、思いやりをもって生きることの大切さを再認識しました。ムダなことを続けていくことに大いなる勇気をもった次第です。

主要参考文献等

『世界でいちばん大切にしたい会社 コンシャス・カンパニー』ジョン・マッキー他　鈴木立哉［訳］翔泳社、２０１４

『ワイズカンパニー　知識創造から知識実践への新しいモデル』野中郁次郎・竹内弘高　黒輪篤嗣［訳］東洋経済新報社、２０２０

『ブルシット・ジョブ　―クソどうでもいい仕事の理論』デヴィッド・グレーバー　酒井隆史・芳賀達彦・森田和樹［訳］岩波書店、２０２０

『Ｔｈｉｎｋ ＣＩＶＩＬＩＴＹ「礼儀正しさ」こそ最強の生存戦略である』クリスティーン・ポラス　夏目大［訳］東洋経済新報社、２０１９

『倫理資本主義の時代』マルクス・ガブリエル　斎藤幸平［監修］土方奈美［訳］早川書房、２０２４

『ＧＩＶＥ＆ＴＡＫＥ「与える人」こそ成功する時代』アダム・グラント　楠木健［監訳］三笠書房、２０１４

『新編　宮沢賢治詩集』中村稔［編］ＫＡＤＯＫＡＷＡ、１９６３

「私の履歴書　里中満智子⑳」『日本経済新聞』２０２２年５月２２日

『ドラマ１０　正直不動産』ＮＨＫ、２０２２年放送

『公益とは何か』小松隆二　論創社、２００４

『ファスト教養　１０分で答えが欲しい人たち』レジー　集英社、２０２２

『ゼロからの「資本論」』斎藤幸平　ＮＨＫ出版、２０２３

『人の資本主義』中島隆博［編］東京大学出版会、２０２１

『現代語訳　論語と算盤』渋沢栄一　守屋淳［訳］筑摩書房、２０１０

『コロナ後の世界を生きる　―私たちの提言』村上陽一郎［編］岩波書店、２０２０

『功利主義』Ｊ・Ｓ・ミル　関口正司［訳］岩波書店、２０２１

『道徳および立法の諸原理序説　上下』ジェレミー・ベンサム　中山元［訳］筑摩書房、２０２２
『「人口ゼロ」の資本論　持続不可能になった資本主義』大西広　講談社、２０２３
『「原っぱ」という社会がほしい』橋本治　河出書房新社、２０２１
『実践理性批判』カント　波多野精一・宮本和吉・篠田英雄［訳］岩波書店、１９７９
『「公益」資本主義　英米型資本主義の終焉』原丈人　文藝春秋、２０１７
『捨てない生きかた』五木寛之　マガジンハウス、２０２２
『老人支配国家　日本の危機』エマニュエル・トッド　文藝春秋、２０２１
『クソったれ資本主義が倒れたあとの、もう一つの世界』ヤニス・バルファキス　江口泰子［訳］講談社、２０２１
『野生の経営　極限のリーダーシップが未来を変える』野中郁次郎・川田英樹・川田弓子　ＫＡＤＯＫＡＷＡ、２０２２
『第三次世界大戦はもう始まっている』エマニュエル・トッド　大野舞［訳］文藝春秋、２０２２
『広辞苑　第五版』新村出［編］岩波書店、１９９８

田中 潤（たなか じゅん）

税理士
一般社団法人東日本大震災雇用・教育・健康支援機構理事長
公益社団法人受動喫煙撲滅機構理事長
著書に「きっと今までになかった相続の権利調整を考える本」「無駄の物語」（歴史探訪社）、他
近編著書に「合同会社の設立・運営ができる本 増補改訂版」（日本実業出版社）
tanaka@jml21.jp

資本主義からの脱出　ムダの効用の話

2024年12月1日　初版第1刷

著者　田中 潤
発行人　田中裕子
発行所　歴史探訪社株式会社
〒248-0007 鎌倉市大町 2-9-6
Tel 0467-55-8270
https://www.rekishitanbou.com/
発売元　株式会社メディアパル（共同出版者・流通責任者）
〒162-8710 東京都新宿区東五軒町 6-24
Tel 03-5261-1171　Fax 03-3235-4645
編集　矢原秀人
デザイン　矢原アトム
イラスト　石井伸二
表紙デザイン　青山志乃（ブルークロス）
印刷・製本　新灯印刷株式会社

ISBN978-4-8021-3488-0